貨幣論のルーマン
〈社会の経済〉講義

春日淳一

Das Geld der Gesellschaft bei Niklas Luhmann

KASUGA Junichi

勁草書房

まえがき

この小著は、ドイツの社会学者ニクラス・ルーマン（Niklas Luhmann, 1927–1998）の社会システム論をよりどころにして、貨幣（＝おかね）の「はたらき」ないし「意味」についてさまざまな角度から考察したものです。貨幣を論じた書物は経済学にとどまらず、社会学、心理学、哲学など多分野にわたってその数もけっして少なくありませんが、本書の特徴は社会を独特の作動様式をもつひとつのシステムととらえ、貨幣にその作動の媒介者（メディア）という役を与えている点にあります。社会システムの作動の媒介者は貨幣にかぎられませんから、貨幣はもろもろのメディアのなかの一種類としていわば相対化されます。経済（学）の舞台で一人芝居を演じていた貨幣が、社会の大舞台では他の役者と競演あるいは共演することになるのです。システム論うんぬんを別にすると、ドイツの哲学者・社会学者ジンメル（Georg Simmel, 1858–1918）がちょうど一世紀前に著わした『貨幣の哲学』（*Philosophie des Geldes*, 1. Aufl. 1900）はまさに、社会の大舞台における貨幣を描いた古典といえるでしょう。おそれおおいのでやめましたが、私ははじめ本書に「貨幣の哲学」というタイトルをつけるつもりでした。経済の領域にとどまらず広く人間ないし社会と貨幣のかかわりを論ずるその視野をジンメルと共有したいと思ったからです。もっとも、ジンメルの本はどれも難解で「論旨が直線的には進行しておらず、多岐に分かれて曲がりくねり錯綜している」（居安正氏による邦訳『貨幣の哲学（綜合篇）』の「訳者あとがき」[54] 三八一頁）と評されるほどですから、なかみにまでたちいって『貨幣の哲学』のシステム論バージョンを書こうなどと考えたわけではありません。

ジンメルの大著のことはさておき、本書の執筆動機のひとつになったのは、ルーマンの社会システム論になじみのない読者にその面白さを知ってほしいという思いです。この点で貨幣は格好の対象となります。すなわち、貨幣を例にとることでルーマン理論に登場するもろもろの基礎概念の意味がより鮮明になり、ひいてはよりおおくの人にとって理論が説得力をもつようになるのです。とはいえ、貨幣だけでルーマン理論の全体をカバーできるわけではありませんから、この本のねらいはあくまでも、ルーマン理論の入り口にひとびとを誘いこむことです。

ジンメルにおとらずルーマンも難解な学者として知られています。そして、その難解さを増幅するような解釈・解説文献もたくさん出ています。しかしつねづねうかぶのは、「ルーマンはほんとうにそんなにむずかしいことをいっているのだろうか？」という疑問です。この疑問はまだ晴れてはいませんが、霧のかなたにうっすらと見えてきた答えは、「ルーマンは誰もが見ているごくあたりまえの事柄に独特の光をあてることによって今まで見えていなかった姿を映し出そうとしているのだ」というものです。X線によって骨の写真を撮影したレントゲン（Wilhelm K. Röntgen, 1845–1923）

になぞらえてもよいでしょう。本書では、ルーマンのいわんとするところをできるだけわかりやすいことばで表現しようと心がけました。私の微力でそれをどこまで果たしえたかは読者の判断をまつほかありませんが、ルーマン理論への関心を少しでも広げることができれば幸いです。

この本のいわばタネ本となるのは、ルーマンの『社会の……』（……*der Gesellschaft*）シリーズのなかで最初に出た『社会の経済』（*Die Wirtschaft der Gesellschaft*, 1988）です。けれども、私が「訳者あとがき」でも述べたとおり、『社会の経済』は「著者の経済システム論を順を追って系統的に展開した書物とはいいがたい」く（[34] 訳三六三頁）、むしろ論文集に近いものです。そしてこのことが、読みにくさを生む一因ともなっています。本書の執筆にあたっては、全体としての話の筋立てに意を用いましたので、『社会の経済』のあちこちを順不同で（もちろん他の文献も随時）参照しながら述べていくことになりました。この本の**第1章**から**第3章**までは、経済システムにおける貨幣のはたらきをコミュニケーション・メディアという視点から描写しています。ここではルーマンの社会システム論のエッセンスが、「自己準拠」ないし「オートポイエシス」、「メディアの一般化」、「複雑性」といったキーワードをとおして貨幣に投影されます。社会システム論の光のもとで眺めると、貨幣という役者は狭い経済の舞台に独り立っているのではなく、広い社会の舞台に他のおおくの共演者とともにあることがわかります。それら共演者のなかでもとくに個性的な道徳・時間・言語・労働の四者（後二者はコミュニケーション・メディアという役回りからして競演者にもなりえます）と貨幣のからみあいを描いたのが**第4章**から**第7章**までです。四者いずれをとってもそのひとつひとつが大きなテーマであり、各章のなかみは私の関心にもとづく部分的描写にとどまっていますが、それにもかかわらず、各共演者と貨幣との関係について興味深い発見や新しい理解を含んでいる点に注目していただけたらと思います。経済から社会へと広げられた視角は**第8章**でふたたび経済に戻され、同時に経済のライトモチーフが「希少」から「過剰」へと反転します。その結果、財の希少性を写しとっていたはずの貨幣はいわば宙吊りになってしまいます。こうして明るみにでる「財の過剰」と「貨幣の希少」の不整合こそ、市場における売り手と買い手の地位の非対称を生みだす要因なのです。**第9章**もひきつづき市場の特性描写にあてられますが、ここでの主眼点はミクロ・レベルの個別市場ではなく、マクロ・レベルでの市場経済さらには市場社会へと移ります。自己準拠性という経済システムの特性が市場社会に転写されたとき何が起こりうるのか、これがメイン・テーマです。最終の**第10章**では、芸術・世界社会・クラ交換という一見まったく異質のシステムの観察から、貨幣と経済を見る新しい視点をうかびあがらせてしめくくりとします。

本書は内容的には私がすでに発表したものと重なるところが少なくありません。けれども、わかりやすさと学問的なおもしろさをかねそなえたひとつの物語として読んでいただけるよう、表現に工夫をこらしたり、あらたな知見を多数とり入れたりして、大部分が書きおろしとなっています。ただし、わかりやすさやおもしろさのために話のレベルを落としたり正確さを犠牲にすることは慎みました。

この本はおおむね一回一章のペースで講義することを想定して書かれたため、「です・ます」体を用いたうえで、「〈社会の経済〉講義」というサブタイトルをつけたのですが、その内容はルーマンの『社会の経済』の解説講義ではなく、あくまでも『社会の経済』を基点にした私自身の〈社会の経済〉の講義です。なお、文献については巻末の文献番号とともに引用しています。

貨幣論のルーマン
――〈社会の経済〉講義

目次

目次

第1章　コミュニケーションのシステムとしての社会の経済

1―1　コミュニケーション・メディアとしての貨幣

赤ん坊や幼児は別として、たいていの人は財布をもっています。なかをのぞくと何枚かの紙幣や硬貨がはいっています。いったい、ひとびとは何のために貨幣をもちあるくのでしょうか？　もちろんありうべき支払いに備えてです。支払いに備えるというからには、不特定ではあれ支払う相手（＝他者）が想定されているはずです。つまり、貨幣は他者との接触を前提にしてはじめて意味をもつ用具なのであり、逆に、他人との接触の可能性が将来にわたってまったくないような人間には貨幣は必要ないのです（この点で、無人島に漂着したロビンソン・クルーソーが難破船に残っていた貨幣にむかって吐いたせりふとそのあとの行動は興味深いものです。デフォー『ロビンソン漂流記』[10] 訳六一―六二頁参照）。

それゆえルーマンのことばでいえば、貨幣は「支払い」というコミュニケーションを媒介するメディア（媒体）なのです。「他者との接触」が「コミュニケーション」、貨幣のはたらき（＝機能）が「コミュニケーションの媒介」と、それぞれ表現されていることに注意してください。

ところで「他者との接触」、つまりコミュニケーションの形式は、「支払い」以外にもたくさんあります。ことばを使った「会話」はもっともありふれたものですが、権力を媒介にした「命令と服従」（たとえば交通警官とドライバーのあいだのコミュニケーション）、真理性にもとづく「学問的コミュニケーション」（たとえば学会における討論）などは、「支払い」とならんで、たんなる「会話」レベルとは異なる独特のコミュニケーション領域を形成しています。ルーマンによれば、ことば（＝言語）はコミュニケーションにさいして「理解」を助けるメディア、貨幣や権力や真理性はコミュニケーションの「成果」を確実なものにするためのメディア、とタイプ分けされ、後者は「象徴的に一般化したメディア」と呼ばれています（象徴的一般化については、本書の**第2章**でくわしく述べます）。

現実のコミュニケーションにさいしては、「ことば」と「象徴的に一般化したメディア」の両方があわせて用いられます。たとえば、宝石店でダイヤの指輪を買おうとしている客は、店員にことばでその意思を伝えます。店員はそれを「理解」してケースから指輪を出すでしょう。けれども実際に売買が成立するためには（つまり店員ないし宝石店と客のあいだのコミュニケーションが「成果」をあげるには）、貨幣の支払いが不可欠です。ちなみに最近では、「ことば」なしに「象徴的に一般化したメディア」だけでコミュニケーションが成り立っているかに見えるケースが、とくに「支払い」の領域でふえてきました。自動販売機で飲料や切符を買うとき、買い手と売り手のあいだに「ことば」は介在しないかのようです。しかし、買い手が自動販売機に貨幣を投入するとき、機械やその周辺に書かれた文字（飲料の種類や駅名、価格、使用できる貨幣の種別など）を見てその指示に従っているはずです。そうした文字がまったく記されていなければ、誰もその機械に貨幣を投入しようとは思わないでしょう。

自動販売機は身近な一例ですが、一般に当事者が同じ時間・同じ場所にいなくてもコミュニケーションができるようになったのは、なによりも文字の発明や印刷・通信技術の発達のおかげです。「ことば」によるコミュニケーションの「到達」範囲を時間的・空間的に広げるこのはたらきから、ルーマンは文字・印刷・通信等を「拡充メディア」と呼んでいます。こうして、コミュニケーションのメディアには「ことば」、「拡充メディア」、「象徴的に一般化したメディア」の三タイプがあり、それぞれコミュニケーションの「理解」、「到達」、「成果」にかかわる不確かさを除去するのに役立っていることになります。メディアの三タイプについて、ルーマンは、『社会システム理論』（*Soziale Systeme*, 1984）でくわしい議論を展開しています（[33] 訳二四八—二五五頁）。

1—2　社会の部分システムとしての経済

いま、自分を絶えず他のもの（＝自分にとっての環境）から区別することによってある種の「まとまり」を保っているような対象を「システム」と呼ぶことにしましょう。ある対象がシステムと認められるためには、環境と自分を区別する作動（オペレーション）を止めるわけにはいかないという点が大切です。たとえば生命システム（生体）は、非自己（自己でないもの）を自己と識別し、非自己から自己を守る免疫のはたらきを失えば死にいたり、もはや生命システムではなくなります。このようなシステム観で「社会」をシステムとしてとらえようとするなら、「社会は人間の集まりである」といった素朴な定義は役に立ちません。アメリカの社会学者タルコット・パーソンズ（Talcott Parsons, 1902-1979）は、『社会体系論』（*The Social System*, 1951）のなかで（[46] 訳三一頁）、「社会システムとは、複数の個人行為者のあいだの相互行為のパターンの持続、あるいはその秩序ある変動過程にかかわる行為諸要素の編成の一様式である」と、いささかむずかしいいいかたをしていますが、相互行為がくりかえされることによって社会システムが成り立つと読めば、この定義は目下のシステム観とも合致します。けれども、一九六〇年から六一年にかけてパーソンズのもとに留学したルーマンは、のちにもっと明快な定義をうちだしました。すなわち、「社会」（Gesellschaft）とは、コミュニケーションがつぎつぎとあらたなコミュニケーションを生みだしていくその自己再生産の総体である、というものです。ルーマン自身の文章を引けば、「社会は……コミュニケーションから成り立っている。いや正確にはコミュニケーションだけから成り立っており、しかもすべてのコミュニケーションから成り立っている。それはコミュニケーションによってコミュニケーションを再生産する。コミュニケーションとして生ずることはなんであれ、その事実によって社会を体現しており、同時に社会を再生産しているのである」（『社会の経済』[34]訳三八頁）となります。

社会をコミュニケーションの自己再生産ととらえることで、人間は社会システムの部分ではなく、その環境の一部であるとみなされます。これを人間軽視と非難したくなったら、すぐにルーマンの『社会システム理論』の「日本語版への序文」（[33]訳vi頁）を読んでみてください。システムの基本要素を「人間」や「行為」でなく「コミュニケーション」とすることで、社会システムは要素を自己再生産し、それを通じてみずからを維持しつづける、という性質を獲得します。この性質はオートポイエシス（autopoiesis）と呼ばれ、もともと生物学の分野でウンベルト・マトゥラーナ（Humberto R. Maturana, 1928-）とフランシスコ・ヴァレラ（Francisco J. Varela, 1945-）が提唱したものです（くわしくは、マトゥラーナとヴァレラの共著『オートポイエーシス』[40]や『知恵の樹』[41]、そして河本英夫氏の一連の著作[27][28]を参照してください）。社会システムを「オートポイエシスを備えたシステム」、つまりオートポイエティック・システム（autopoietic system）ととらえる。これがルーマンの社会システム論の大きな特徴です。

ルーマンのばあい、右に引用したように、「社会」（Gesellschaft）はあらゆる種類のコミュニケーションをとりこんだシステムとされています。他方、特定種類のコミュニケーションだけから成るシステムは「社会の部分システム」ないし「サブシステム」と呼ばれます。「社会」と「社会の部分システム」の両方を包含する（ほかに「組織」と「相互作用」が含まれますが、ここでは立ち入る必要はないでしょう）カテゴリーが「社会システム」です。日本語にすると「社会システム」と「社会」はまぎらわしい表現なので、混同しないためにはルーマンのつかうドイツ語のゲゼルシャフト(Gesellschaft)をたんに「社会」でなく(「部分システム」ということばに対応させて)「全体社会」と訳したほうがよさそうです。

ところで、コミュニケーションがつぎつぎとあらたなコミュニケーションを生みだすという社会システムのオートポイエシスを、もっともわかりやすいかたちで示してくれるのが貨幣に媒介されたコミュニケーション、つまり「支払い」です。1―1でもふれたように、貨幣や権力や真理性といった「象徴的に一般化したメディア」は、コミュニケーションの「成果」の確実化に役立つとともに、独特のコミュニケーション領域、すなわち「部分システム」の形成をうながしますが、ルーマンは貨幣の「支払い」によって形成される部分システムを「経済」と名づけます(なお、権力メディアが形成にあずかる部分システムは「政治」、真理性メディアのそれは「学問」とそれぞれ呼ばれます。部分システムとしてはほかに、宗教・芸術・教育なども考えられます)。貨幣メディアが高度に発達したおかげで、現代社会の「経済」はそれ自体が全体社会から機能的に分化しきったオートポイエティック・システムとなっています。この点を次にくわしくみてみましょう。

1―3　経済のオートポイエシス

以上で、貨幣を社会システム論の視点から眺める最小限の準備がととのいました。ここで話を本章のはじめに戻しましょう。すなわち、財布のなかのおかねです。紙幣であれ硬貨であれ、たんなる紙切れや金属片としてはほとんどものの役に立ちません。スクラッチ・カードを削るぐらいがせいぜいでしょう。いったい、ひとびとは何のために貨幣をもとうとするのでしょうか？　もちろんありうべき支払いに備えてです。支払いに備えるというからには、不特定ではあれ支払いを受け取る相手が想定されているはずです。つまり、貨幣は支払人と受取人の両者を前提にしてはじめて意味をもつ用具なのであり、いずれか一方を欠いては貨幣はその役目を果たせなくなります。

支払人は支払い相手としての受取人を同時に生みだしますが、その受取人は自分もまた遅かれ早かれそれで支払うことを予定して貨幣を受け取るはずですから、受取人はいずれ支払う相手として次の受取人を生みださざるをえないといえるでしょう。人ではなく作動（オペレーション）に着目すれば、貨幣の受け取りはつぎつぎとあらたな受け取りを生みだす、あるいは受け取りと背中あわせの支払いからスタートして、支払いはつぎつぎとあらたな支払いを生みだす、ということになります。支払いと受け取りは経済特有のコミュニケーションですから、これはコミュニケーションがつぎつぎとあらたなコミュニケーションを生みだすという社会システムのオートポイエシスが、社会の部分システムである経済（部分システムとしての経済を以下では「経済システム」と呼びます）において起こっていることを意味します。

ここまではさしあたり、オートポイエシスを「要素を自己再生産し、それを通じてみずからを維持しつづけるはたらき」と定義してきましたが、もう少しなかみに立ち入ってみておきましょう。

1—3　経済のオートポイエシス

一般に「自分で自分を」とか「自分で自分に」と表現されるような関係は「自己準拠的」（self-referential）と形容されます。「自己準拠の概念は、『自己』によって何が意味されるのか、また『準拠』がどのように把握されるのかに応じて、きわめて幅広く捉えることができるし、またそうしなければならない」（『社会システム理論』[33]訳五一頁）のですが、社会システムのオートポイエシスにひきつけてルーマンは自己準拠の三相あるいは三層を区別します（くわしくは、『社会システム理論』[33]第11章や村中知子氏の『ルーマン理論の可能性』[44]第三章、そして私の論文「経済システムにおける自己準拠と構造的連結」[26]を参照してください）。

まず、右のオートポイエシスの定義にある「要素の自己再生産」、すなわちシステムを構成している要素を要素みずからの手によって生みだすはたらきは、システムのオートポイエシスに欠かせないもっとも基本的な条件であり、「基底的自己準拠」と呼ばれます。基底的自己準拠のばあい、「自己」にあたるものは「システムの要素」です。経済システムにおいては、要素である経済的コミュニケーション、つまり「支払い」がつぎつぎとあらたな「支払い」を生みだすがゆえに、このシステムは基底的自己準拠性を備えているといえます。

社会システムにおける自己準拠の第二の姿は「過程的自己準拠」と名づけられ、システム要素であるコミュニケーションについてコミュニケーションすることを指します。このばあいの「自己」は「コミュニケーション・プロセス」です。ことばによるコミュニケーションのひとつ「会話」をとれば、「会話（の経過）について会話する」となりますが、現在進行中の会話について同時進行で会話するのは不可能ですから、すでにおこなわれた会話について会話するか、これからおこなわれうる会話について会話するかの、いずれかとならざるをえません。これを経済システムにあてはめると、過去の支払いについて支払うか将来の支払いについて支払うかのいずれかです。ここで具体例を思い浮かべてください。過去の融資（貸し手からみればその時点での借り手への支払い）にたいする利子などの支払い、あるいは将来の利子などの受け取り（借り手からみればその時点での貸し手への支払い）を条件とする融資。過去の保険料支払いの実績にもとづく保険金の支払い、あるいは将来の保険金支払いを条件とする保険料の支払い。さらに宝くじなどのギャンブルも例にはいるかもしれません。これらのうち保険やギャンブルにかんしては、「安心を買う（売る）」とか「夢を買う（売る）」といった表現にみられるように、純粋に支払いについて支払うという性格におさまらないところがあります。それゆえ、経済システムの過程的自己準拠の典型となるのは貨幣の貸し借り、つまり「金融」であるといってよいでしょう。

さて、自己準拠の三番目のタイプは「再帰」（Reflexion）、すなわちシステムそのものを「自己」とする自己準拠です。Reflexion は「反省」とも訳されますが、その内容は「自分自身を観察し、自己観察の過程でつねにその自己観察に反応する」（『社会の経済』［34］訳一一五頁）ことです。システムが自分で自分を検知し、それにもとづいてみずからを調節あるいは制御する「フィードバック」のメカニズム（よくあげられる例はサーモスタット）も「再帰」の一種ではありますが、フィードバック機構にはシステム構造の不変とか一方通行の線形因果連鎖といったイメージがつきまとっており、むしろ「再帰」の特殊ケースと考えるべきでしょう。この点については、フォン・ベルタランフィ（Ludwig von Bertalanffy, 1901-1972）の『一般システム理論』が参考になります（[6]訳一五五―一五八頁）。

経済システムのばあい、「再帰」はどのようなかたちをとるのでしょうか。まず、経済システムの自己観察といっても当のシステム自体は目をもっていませんから、この自己観察は家計や企業など経済システムの外部（＝環境）にあって支払いをなす「経済主体」（ルーマンの用語では経済システムの「参加システム」）の目を借りてするしかありません。多数の経済主体が自分たちにとって環境である経済システムをそれぞれの関心にもとづいて観察する、その観察の寄せ集めが「経済システムの自己観察」なのです。しかし各経済主体の関心が異なる以上、個別主体の観察の寄せ集めがひとつのまとまった像を結ぶ保証はありません。まとまりを欠いた自己観察では反応のしようもなく、「再帰」は「自己観察に反応する」段階で挫折しそうです。ところが、いかに関心が異なるにせよ、経済主体は貨幣を用いて取り引きをおこなう主体、いいかえると貨幣を支払ったり受け取ったりする主体ですから、そのかぎりで「支払い（と受け取り）の自己再生産が持続する」、つまり「経済システムが作動しつづける」という観測ないし見通しを最小限共有しているはずです。そしてこの観測を支えているのが、貨幣にたいする信頼です。ルーマンも「経済システムを構築するうえで不可欠な分権的メカニズムがその機能を果たすためには、貨幣それ自体が信頼を得ていることが前提になる」と述べています（『信頼』[32]訳九一頁）。こんにち、自分が貨幣の最後の受取人、すなわちもははや受け取ってもらえない（＝支払いに使えない）貨幣の受取人、になるのではと不安に駆られる人はまずいないでしょう。貨幣が信頼を得ているあかしです。とはいえ、貨幣にたいする信頼はかならずしも堅固なものではありません。そのもろさについては岩井克人氏の『貨幣論』［20］（とくに第五章）の叙述に譲るとして、ルーマンの次のことばに注目しましょう。すなわち、「貨幣価値の安定性と多様な使用チャンスの持続性を信頼している者は、基本的には、……あるシステムが作動しているという前提のもとで、そのシステムの働きに信頼を置いている。こうしたシステム信頼は、貨幣を使用する過程で絶えず確証される経験を通じて、いわばおのずと築きあげられたものなのである」（『信頼』［32］訳九二頁）。「あるシステム」とはここでは経済システムを指しますから、すぐ前の引用とあわせると結局、貨幣にたいする信頼は経済システムの作動を前提にしており、経済システムの作動は貨幣にたいする信頼を前提にしていることになります。個別経済主体のレベルでは、「経済システムが作動しつづける」という共有された観測（この共有された観測は経済システムの自己観察とみなされます）に反応して、どの経済主体も貨幣に信頼を寄せ安んじて貨幣を支払ったり受け取ったりしつづけます。各個別主体がこのように反応するかぎり、反応の合成結果として経済システムは作動しつづけることになります。個別主体の反応の合成結果を経済システムの反応とみなせば、経済システムは「みずからが作動しつづけるとみる自己観察に反応してみずから作動しつづける」という「再帰」形態をもつわけです。「再帰」にかんする以上の説明は次のようにまとめることができるでしょう。

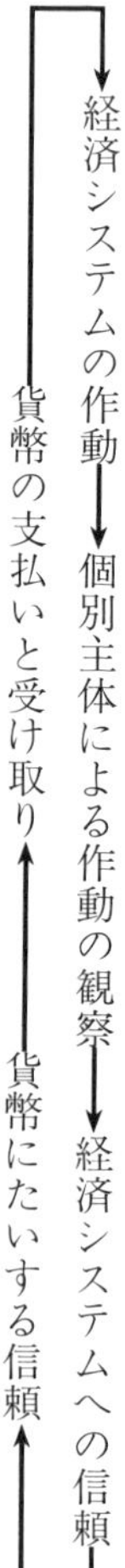

ここからもわかるように、経済システムの「再帰」には貨幣にたいする信頼が不可欠であり、しかもその信頼自体がシステムの作動や観察をあいだにはさんで「貨幣にたいする信頼が貨幣にたいする信頼を生む」という自己準拠性を示しています。先ほど貨幣にたいする信頼はかならずしも堅固なものではないといいましたが、じつはこの自己準拠性にもろさがひそんでいるのです。たとえば、外的要因によってシステムの作動が攪乱され右のサイクルが切断されるなら、たちまち貨幣は信頼を失うおそれがあります。岩井氏の『貨幣論』がとりあげるハイパー・インフレーションはまさにそのケースです（[20]一九一―二〇七頁）。なお、ひとり「再帰」のみならず、「基底的自己準拠」や「過程的自己準拠」にとっても、貨幣にたいする信頼は不可欠です。ただ「貨幣に対する信頼は、典型的なかたちでは、いわば自動的に学習されたものとして成立する」（『信頼』[32]訳九三頁）ため、基底的自己準拠および過程的自己準拠では、再帰のばあいのように観察を通じて信頼が表面化することはないと考えられます。

「再帰」の説明に少々手間どりました。とはいえ、これで経済システムの自己準拠性が三相すべてで確認されました。「経済システムは支払いを要素とするオートポイエティック・システムである」という命題は、いまやより厳密な意味をあたえられたのです。

第2章　貨幣の一般化

2―1　象徴的一般化の三つの次元

1―1で、貨幣は権力や真理性とならんでコミュニケーションの「成果」を確実なものにするための「象徴的に一般化したメディア」であると規定しました。では、メディアの「象徴的一般化」とはどういうことなのでしょうか。貨幣メディアに焦点をあわせてみていきましょう。

ルーマンの理論にはしばしば、時間（zeitlich）・事象（sachlich）・社会（sozial）という三つの次元が登場します。もともと「意味」概念にかんしておかれたこの三次元区分（くわしくは、『社会システム理論』［33］第2章に譲ります）は、いろいろな場面で思考の整理に役立ちますが、要はそれぞれの場面で何の違い（差異）が問題なのかをはっきり区別するということです。すなわち、事前／事後ないし過去／未来の違いなのか（時間次元）、コミュニケーションのテーマにおけるこれ／これ以外のもの、さらには内部／外部、の違いなのか（事象次元）、自己／他者およびその系である自民族／他民族、同性／異性、常連／一見といった、コミュニケーション当事者間における違いなのか（社会的次元）、の区別です。メディアの象徴的一般化にもこの三次元が考えられます。それぞれの次元での一般化は次のように説明できます。すなわち、時間次元ではメディアが時差を超えていつでも使えること、事象次元ではメディアがその用いられる具体的文脈にたいして中立的であること、社会的次元ではメディアがコミュニケーションの相手のいかんにかかわらず等しく用いられうること、です。

こんにちの貨幣はこの三次元のすべてにおいて一般化しています。貨幣はいますぐでなくとも将来の任意の時点で支払いに使えますし（貨幣のもつ「価値保蔵手段」としての機能）、取引する財やサービスの個別的な属性や量にかかわらず使えます（「価値尺度」としての機能）。また、使うにあたって取引相手の人格や動機が問われることもありません（「一般的交換手段」としての機能）。いずれの次元であれ、メディアの象徴的一般化は、違うもの・分離したものをひとつに結び合わせる（つまり差異に橋渡しをする）はたらきをしています。貨幣のばあいには、異なる時点・異なる財やサービス・異なる動機や利害といったものを超えて取引を成立させるための仲介者（medium）となるのです。メディアの一般化に「象徴的」という形容詞がついている理由は、まさにこの「ひとつに結び合わせる」作用にあります。ルーマンは「象徴」（symbol）の本来の意味にさかのぼり（symbol の語源は「一緒にする」・「つなぎ合わせる」を意味するギリシャ語の symbállein にあるとされています)、「シンボルは、異なるもののまとまり(一体性)を可能にする意味形式、いやむしろこのまとまりそのものである」(『社会の経済』[34] 訳二五八頁)といっています。

さて、ここまでは貨幣の役回りはヒーローでした。ところが、貨幣はヒーローと悪役の一人二役をこなすのです。その悪役ぶりを次にみてみましょう。

2—2 貨幣の悪魔的一般化

ひとつのものごとが異なる(しばしば対照的な)ふたつの面をあわせもっているとき、「コインのうらおもて」という表現を使いますが、貨幣は文字どおり二面をもっています。右で述べた「違うもの・分離したものをひとつに結び合わせる」象徴的(symbolic)なはたらきを一面とすれば、もう一面は「もともとひとつだったものに違いをつくり出し分離させる」悪魔的(diabolic)なはたらきです(dia は引き離し、分裂、破壊などを意味する接頭辞です)。貨幣メディアの一般化がもたらすこの象徴的作用と悪魔的作用は「分かちえない一体をなしており、一方は他方なくしてはありえない」(『社会の経済』[34] 訳二五九頁)という点に注意する必要があります。

ここで理解を助けてくれるのはローマ神話の恋の神クピド(キューピッド)です。クピドは恋をそそる黄金の矢と恋をはねつける鉛の矢を同時に放ちます。黄金の矢はダプネとアポロンを結びつけるメディアで、経済システムにおける貨幣に相当します。しかしダプネとアポロンの結婚は必然的にダプネと父ペネイオスを引き離します。鉛の矢はこの引き離しを阻止するメディアにほかなりません（クピドの物語は、ブルフィンチ『ギリシア・ローマ神話』[7]訳（上）三一―三五頁参照）。神話の世界とは異なり、経済システムには貨幣の引き離し作用を阻止する単一の「反貨幣」メディアは存在しません。そもそも引き離しの阻止は結びつけの断念を意味しますから、市場経済のメリットを享受しようとする限り「反貨幣」（Gegengeld）の出番はないわけです。ただし、最近各地でふえている「地域通貨」発行のこころみは、「反貨幣」の萌芽ともみなせます。この点についてはのちの**２**―**４**でふれることにしましょう。

貨幣の象徴的一般化が悪魔性をともなわざるをえないことから、ルーマンは象徴的一般化は同時に悪魔的一般化であるといっていますが、「悪魔的一般化」すなわち「象徴的一般化の悪魔的側面」はどのようなかたちであらわれるのでしょうか。『社会の経済』（[34]）第７章「コミュニケーション・メディアとしての貨幣」の記述にもとづいて整理すれば次のようになります。まず、時間次元では貨幣は将来への備えとして役立ち、いわば現在と将来の差異に現在橋渡しをしてくれます。これが象徴的なはたらきでした。たしかに、将来の欲求充足のために物資を現物のままもっているのと比べ、貨幣のかたちで保有すれば腐敗や劣化による価値の滅失を防ぐことができますし、欲求の変化に対応する余地も生まれます。また、社会的な助け合い（互酬のシステム）や宗教（祈願）に頼って将来の不確実性と危険に対処する必要も小さくなるでしょう。しかしヒーロー貨幣の引きずる影は悪魔のかたちをしています。つまり貨幣によって将来の不確実性と危険がすべて除去されるわけではなく、むしろ貨幣があらたなリスクをもちこむのです。たとえば、退職後の生活に十分と思われる貯蓄をしても物価の高騰で予定が狂うかもしれません。保険に加入してリスクを減らそうとすれば、保険会社自体が支払不能に陥るリスクを負わねばなりません。いくらリスク計算の技術が進んでも、想定外の事態（たとえばアメリカの同時多発テロ）によって事前の計算結果は裏切られます（時間次元での悪魔性にかんしては、『社会の経済』［34］訳二六九—二七二頁を参照してください）。

事象次元でみると、多種多様な財・サービスの価値が貨幣額（価格）で一元的に表わされることによって、物々交換につきまとう「二重の偶発性」（double contingency）、すなわち「自分の欲しているものをたまたま相手がもっており、しかもその相手の欲しているものをたまたま自分がもっている」という偶発性から解放され、交換の成立可能性が飛躍的に高まります。このかぎりで貨幣は「異なるものをひとつに結び合わせる」象徴的なはたらきをしています。ところが価値の一元的表示というまさにその象徴作用ゆえに、貨幣は悪魔になるのです。ルーマンの記述には事象次元での悪魔性について語っていると明確に読みとれる部分がありませんので、最近の事例で補って説明すればこうなります。中国から国産物の三分の一の価格で大量のネギが輸入されている件をとりあげましょう。問題は国産ネギも中国産ネギも価格が3対1という点を除いてまったく同じ顔をしているところにあります（かろうじて原産国の表示はありますが）。つまりネギは、それが負っているはずの背景からひきはがされて野菜売り場に並んでいるわけです（ネギと背景の分離！）。おかげで消費者は、安い中国産を買うことで国内のネギ栽培農家が窮状に陥るかもしれないなどと思いわずらわなくてすむのです。ちなみに、いまから半世紀以上さかのぼる昭和二〇年代、敗戦後の貧しい日本の家庭では、きわめて安い工賃で輸出用のクリスマス・ツリーの飾り物などを夜なべで作って生活費の足しにする「内職」が広くおこなわれていました。薄暗い電球のともる内職現場と、そこで生みだされた飾り物が盛りあげるアメリカの家庭の明るく楽しいクリスマス風景。もちろんアメリカの消費者は、彼らが買ったクリスマス・オーナメンツの製作現場など知る由もなかったでしょう。昔話ついでにもうひとつ、私が幼少のころは茶碗に御飯粒を残すと「お米をつくったお百姓さんの苦労を考えなさい」といってしかられたものでした。要するに、財ないし商品をその背景とあわせて扱えということです。そうした考えからすれば、学園祭の「豆腐投げゲーム」やテレビ番組の「大喰い競争」などとんでもない罰当たりになります。ルーマンは「(貨幣の) 悪魔性はなによりもまず次の点、すなわち貨幣が他のシンボル、たとえば隣人間の互酬のシンボルあるいは救済に役立つ敬虔のシンボル、の代わりをし、それらのシンボルを干からびさせてしまうという点にある」(『社会の経済』[34] 訳二四三頁) といっていますが、財・サービスのもつ背景を斟酌する必要はなく貨幣を支払いさえすればよいという「負担免除」(＝事象次元での貨幣の象徴作用) が、ひとびとの倫理的・宗教的その他経済以外のもろもろの感覚を麻痺ないし鈍化させるところに悪魔性を見るのは容易でしょう。悪魔のしたたかさを物語る格好の事例は携帯電話です。この商品がどれほどひとびとの倫理感覚を荒廃させたかはかりしれないと私はひとり悲憤慷慨しているのですが、そんな私はいまや時代に乗り遅れた変わり者でしかなく、同調者を得る望みも小さくなるいっぽうです。

最後に、社会的次元における悪魔のふるまいを見ておきましょう。貨幣は当事者の人格・動機・利害等にかかわりなく交換相手を結びつける「一般的交換手段」として機能しますが（＝社会的次元での貨幣の象徴作用）、この機能を果たすことで同時に財の希少性の調整者にもなります。すなわち、「希少な財が誰の手に渡るべきか」という問題にたいして「貨幣を支払った者に」という答えを用意します。それゆえ支払わない者は交換の当事者とはなりえず、当該財が自分ではなく他者に渡るのを外から眺めるほかはありません。つまり「〔交換ないし支払いという〕作動においては〔貨幣の〕一般化は象徴的なもの、人を結びつけるものとして利用されるが、観察においては悪魔的なもの、人を引き離すものとして現われる」のです（『社会の経済』[34] 訳二六八頁。〔 〕内は引用者の補足）。この悪魔性がもっとも強く身にしみるのは、たんに「支払わない」のではなく「支払えない＝貨幣をもたない」者でしょう。たとえば、乏しいたくわえを食いつぶしてもなお職を得るあてのない失業者にとって、「貨幣は自分を財の入手から排除する悪魔である」との思いが日増しに強くなるにちがいありません。貨幣をもたない者に支払いを通じた交換（＝市場交換）以外の財の入手ルートが開かれているばあいには、悪魔性は深刻な問題とならずにすみますが、時間次元や事象次元のところでみたように、相互扶助（互酬）や慈善はこんにち（緊急時はともかく）日常的に頼れるルートではなくなっています。ましてや貨幣・市場と手をとりあって発達してきたこの分業社会で、自給自足の生活に逆戻りできるひとなど何人いるでしょうか。

長引く不況、金融リスクの増大、ＩＴブーム等々の要因が重なって、近年の日本では時間・事象・社会の三次元すべてにおいて貨幣の悪魔性があらわになるケースがかなりふえていると推測されます。

2―3　貨幣と希少性

2―2で、貨幣は「一般的交換手段」として機能することで同時に財の希少性の調整者にもなるといいましたが、この点について『社会の経済』〔34〕のおもに第6章、第7章を参照しながらもう少しくわしく説明しましょう。

まず、次のような場面を思い浮かべてください。ふたりの男児、裕君と剛君がそれぞれの母親に連れられてほかに誰もいない砂場にやってきました。ふたりとも手に小さなシャベルをもっていますから、きっといつものようになかよく砂の山をつくるのでしょう。このとき、裕君が砂場に玩具のダンプカーを見つけました。前から欲しくてたまらなかったおもちゃです。砂場遊びがいままでよりずっと楽しくなりそうです。ところが事態は思わぬ展開を見せます。裕君の抱えていたダンプカーを剛君がいきなりもぎとろうとしたのです。とっくみあいが始まりましたが、裕君は力では剛君にかないません。とうとうダンプカーを奪われて、大泣きしながら母親に訴えています。剛君のほうは自分も欲しかったダンプカーを手にしていちおう満足なのですが、なぜか母親の顔を見ようとはしません。ダンプカー「占取」(Zugriff)の正当性にかんして子供ながら自信がもてないのかもしれません。

さて、困ったのはふたりの母親です。この気まずい状況をいかに打開するか。そこで問題を整理してみましょう。ダンプカーは子どもたちがくる前から砂場にあって、その数は1台でした。この1台しかないという事実だけで「希少性」の問題がただちに発生するわけではありません。裕君がダンプカーを見つけ、つづいて剛君も同じ車を目にし、ふたりとも欲しがっていることがわかった時点でまず潜在的に希少性問題があらわれます。「潜在的に」といったのは、さしあたりまだどちらのものにもなっていないからです。この段階で母親が「ふたりでなかよく使おうね」と声をかけ、ふたりともそれに同意すれば、ダンプカーはいわばふたりの「共有物」となり、問題は顕在化せずに終わります(もちろんほかの子供がいれば話は別です。「共有」の範囲次第で問題は顕在化する可能性があります)。

問題が顕在化するのは、裕君がダンプカーを抱えるつまり「占取」する瞬間です。このとき裕君にとっては潜在的な希少性問題が解消しますが、剛君には希少性問題が顕在的なものとして迫ってきます。そこで剛君は腕力(暴力)でダンプカーを奪って希少性を除去したのです。ところが剛君の希少性の除去は裕君にとっては希少性の発生を意味します。こうして希少性を取り除こうとする「占取」行動が希少性を生みだし、その希少性がまたあらたな占取行動をひきおこすというパラドクシカルな自己準拠的関係が成立します。いずれにせよ、直面している状況は平和的とはいえません。自己準拠性はともかく、パラドックスはなんとか回避ないし隠蔽（不可視化）して平和を取り戻したいものです。

ここで、所有の起源といった問題にはまりこむのを避けるために三人目の子供譲君を登場させます。じつはこのダンプカーはきのう譲君が置き忘れたもので、車体の裏にはちゃんと彼の名前が書いてあります。母親からこれは譲君のものだと説明されて剛君はしぶしぶダンプカーを手ばなしました。いよいよこのダンプカーは裕君にとっても剛君にとっても希少な財になったわけです。がしかし、今日のところは母親が譲君のうちにダンプカーを返しにいくことでひとまずふたりは納得し、いつものようになかよく遊びはじめました。母親たちもヤレヤレです。

数日後、恒例の団地バザーが公園で開かれ、裕君は母親とでかけました。するとなんたる偶然、一目でそれとわかるあのダンプカーが売りにでているではありませんか（さすがに譲君の名前は塗り消してありましたが）。どうやら譲君はダンプカーに飽きてしまったようです。さっそく裕君は母親にねだって買ってもらいました。代金が支払われるのをまのあたりにした裕君は、「これで晴れてダンプカーの正当な所有者になった」と子供心にも直感したらしく満足気です。そこへちょうど（あいにく？）剛君がやはり母親といっしょに通りかかりました。彼は裕君の抱えているダンプカーをめざとく見つけましたが、子供とはいえ売り買いのしくみをある程度は知っています。このあいだのような腕力の行使はぐっとこらえている気配です。

仮想のストーリーはここまでとしましょう。このお話の要点をルーマンの文章を借りてまとめると、「貨幣というメディアのもつ最も重要な効果は、社会全体のレベルで言えば、支払いが第三者をなだめることから生じる。第三者は、希少な財に対してある者が支払いをなすがゆえに、たとえ彼ら第三者自身もその財やサービスに関心をもっている（あるいは、将来関心をもつかもしれない）としても、その者が希少な財を手にする様子を傍観し……取得された財の暴力的占取を思いとどまるのである。貨幣は、自らが秩序を与えうる領域について、暴力を他へそらすはたらきをする。……貨幣は暴力に対する希少性の勝利なのである」（『社会の経済』[34] 訳五六頁および二五四頁）となります。総量が限定された貨幣というメディアは、財の希少性をみずからの量つまり「価格」に写しとることによって、暴力を誘いがちなむきだしの希少性に第二のいわばソフトな形態を与え（これをルーマンは「希少性の二重化」と呼んでいます）、希少性問題の平和的処理に資するのです。

貨幣は一時点のストックとして見れば（人為的に）総量が限られており、だからこそ当該時点における財の希少性を写しとることができるのですが、絶えず支出されることによってのみひとびとの役に立ちうるのですから、フローとしての量は無限です。いいかえると貨幣は支払いの無限連鎖を通じて、無限の将来にわたって生産される（であろう）無限量の財を体現してもいるのです。それゆえ、希少な財をめぐってそのつど他者と争うかわりに、フローとしては希少でない貨幣を他者と争わずに稼ぐことで、当面の欲求を平和的に充足させるのみならず将来の欲求充足への備えを確保する道も開けるのです（貨幣の「一般的交換手段」としての機能と「価値保蔵手段」としての機能）。

こうしてみると、貨幣による希少性の二重化はたしかに財の希少性の問題を処理する巧妙な方法ではあるのですが、問題を根本から解決するわけではありません。貨幣はそれが信頼を得ているかぎりで、また支払いのつどその取得経緯が問われないかぎりで、財の希少性という本来の問題を覆い隠すベールの役を果たすのです。先のストーリーでいえば、剛君は貨幣とそれを用いる交換のシステムを子供ながらに信認しているからこそ、そして裕君の母親の払ったおかねが裕君の財布（小遣い）からでたのか母親の財布からでたのかに頓着しないからこそ、暴力の再行使を思いとどまったのでしょう。もし剛君の家庭に自分のおもちゃは自分の小遣いで買うべしというルールがあったとすれば、おかねの出所次第で暴力とまではいかなくともひともんちゃくあったかもしれません。まして剛君が市場交換のシステムについてなんの知識もないヨチヨチ歩きの男児だったとしたら、「砂場の闘争」が再現される可能性は大となります。ちなみにこれは、たんに年端もいかぬ子供の世界の話にとどまるものではありません。国家の権威がゆらぎ、争いの絶えない昨今では、（起こってほしくないことですが）貨幣というベールが吹き飛んでしまうような事態も、もはや想定外といってすますわけにはいかなくなっています。

2―4　「地域通貨」の（反）貨幣性

最近、新聞・テレビで「地域通貨」がとりあげられる機会がおおくなっています。日本政策投資銀行が調べたところ、わが国では二〇〇二年十一月現在、二三五の地域が導入あるいは検討中とのことですが、導入例をみるかぎり各地域での「参加者」はたかだか五〇〇人程度であり、目的・仕組みも多様です。しかし「通貨」と銘うたれていますので、本物の貨幣つまり法貨との異同が気になるかもしれません。そこで、本章のテーマである「象徴的一般化」の視点から日本の現行地域通貨をチェックしておきましょう。

(a) 時間次元での一般化という点からみると、地域通貨には通用期限がもうけられているケースがおおく、貯めても利子はつきません。それゆえ、価値保蔵機能はきわめて限定的です。そもそも地域通貨はコミュニティ内の相互扶助の促進、地域商店街の活性化などを目的としており、受け取った通貨はできるだけ早く使われてこそ目的達成に役立つのです。

(b) 事象次元では、取引する財やサービスの個別的な属性や量にかかわらず使えることが一般化の条件でしたが、地域通貨はその目的からして特定のサービス（たとえば高齢者の家事援助など）や一部の財（たとえば環境関連商品）の入手にしか使えませんし、支払い金額の一部にしか充当できないケースもあります。事象次元での一般化はむしろ地域通貨の主旨・目的とあいいれないというべきでしょう。

(c) 社会的次元での一般化の条件は、使用にあたって取引相手の人格や動機が問われることはないというものでしたが、地域通貨は目的や主旨に賛同して「参加」したひとびとのあいだでのみ通用します。そのうえ、参加者間で通貨が流通するうちに次第に参加者の匿名性がはがれ人格的なつながりが生まれると期待されているケースも少なくありません。これらの点からみて、地域通貨は社会的次元で一般化とは逆の方向をめざしていると考えられます。

以上の観察からうかがわれるように、現行の日本の地域通貨は時間・事象・社会の三次元すべてにおいて一般化していないだけではなく、むしろ意図的に一般化の逆を指向することで、貨幣の一般化がもたらす弊害、つまり悪魔的側面（2―2）を「矯正」しようとするケースも目につきます。それゆえ、地域通貨はたしかにひとびとのあいだのコミュニケーションを媒介する役目を果たしますが、本書のテーマである「象徴的に一般化したコミュニケーション・メディア」としての貨幣ではありません。そして一般化した貨幣のもつ悪魔的作用、すなわちひとびとを引き離す作用、の矯正をめざすかぎりで、地域通貨は「反貨幣」（クピドの鉛の矢）の性格を帯びることになるでしょう。しかし、市場経済のメリットである経済的効率性を追い求める立場からすれば、「反貨幣」は妨害物にしか見えません。地域通貨の規模や影響力が小さいうちは法貨との衝突（したがってまた地域通貨推進者と市場主義者の対立）は起こらないかもしれませんが、かりに社会全体に広く普及するようなことになれば、軋轢を生じずにはおれないでしょう。ベルナルド・リエター（Bernard A. Lietaer, 1942-）の『将来の通貨』（*Das Geld der Zukunft*, 1999）にはそうした面も含めて各国の地域通貨の事例がくわしく述べられています（『マネー崩壊』[30]）。

社会システム論の視点から「貨幣の哲学」をこころざす者は、地域通貨をたんに貨幣でないという理由で無視するのではなく、「反貨幣」の実験として観察しつづける必要があると考えます。貨幣と「反貨幣」が、リエターのえがくような陽経済（競争経済）と陰経済（協働経済）の相互補完的共生（[30]訳第5章および第9章参照）をもたらすのか、それとも貨幣＝陽経済によって「反貨幣」がおさえこまれるのか、現時点（二〇〇二年末）では予測しがたいのですが、少なくとも、「反貨幣」への関心の高まりは市場経済の暴走にたいして社会がまだ自己防衛機能を失っていないあかしだとはいえるでしょう。なおここで「社会の自己防衛」というとき念頭においているのは、カール・ポラニー（Karl Polanyi, 1886-1964）の『大転換』（*The Great Transformation*, 1944）第二部IIの叙述です（[47]）。

第3章　価格

3—1　財と価格

経済学ではふつう、「財」を「欲求充足に役立つ物的手段」と定義し、それが希少か否かで「経済財」と「自由財」の区別がなされます。この定義は貨幣が存在するかどうかにはふれていませんから、そのかぎりで財というカテゴリー（財の世界）は貨幣とは別個に成立すると解釈できます。2—3の話も（ルーマンにならったものですが）、先に財の希少性の問題があって貨幣はあとから登場してくる、という順序になっていました。これにたいして、独自の貨幣哲学にもとづく財のもうひとつの定義が吉沢英成氏によってあたえられています。すなわち、財は「その物質的諸特性のみにおいて世界を構成するのではない。貨幣との関係、貨幣によって意味づけられて財となっている。……

財の領域も貨幣をゼロ記号とし中心とする象徴体系である」（『貨幣と象徴』［60］一一七頁）、というものです。要するに「はじめに貨幣ありき」なのであり、貨幣という中心が定まってはじめてそのまわりに財の世界が展開する、ととらえるのです。

吉沢氏の貨幣論には最終章（10―3）でもういちどたちもどるとして、ここではさしあたり、一見あい反する「財」のふたつの定義がシステム論の観点からすれば両立しうる（consistent である）ことを示しましょう。ポイントは、規定された複雑性／未規定な複雑性、および環境複雑性／システム複雑性というふたつの区別です。この区別は、ハーバーマス（Jürgen Habermas, 1929-）とルーマンの有名な論争の書『社会の理論か社会工学か』（*Theorie der Gesellschaft oder Sozialtechnologie*, 1971）でルーマンが展開したものです（『批判理論と社会システム理論』［11］訳三八九頁参照）。ふたつの区別は交差させることで複雑性の四区分をあたえますが、吉沢氏の財の世界（領域）は経済システムにとって「規定された環境複雑性」を、経済学の通常の定義による財の世界は「未規定な環境複雑性」をそれぞれ示すと考えられます。ただし、規定・未規定は程度問題ですから、未規定な環境複雑性は正確には「相対的に未規定な」というべきかもしれません。結論を先にだしてしまいましたが、順を追ってくわしく説明しましょう。

経済学の定義による財すなわち「欲求充足に役立つ物的手段」は、欲求充足に役立つ／役立たないという区別にもとづくふるい分け（screening）を経ていますから、まったく規定されていないわけではありませんが、それだけでは多種多様なモノの集合にとどまります。集合の要素である財のあいだには、部分的にたとえば代替関係とか補完関係がみとめられるにせよ、財相互間の関係を全体として規定するものはありません。この意味で経済学の定義による財の集合ないし財の世界は（相対的に）未規定なのです。「未規定」のかわりに「秩序づけられていない」といってもよいでしょう。財は支払いとは別物ですから、財の世界はルーマンの定義する経済システムの外部すなわち環境に属します。それゆえ財の集合のもつ複雑性は、この段階では経済システムにとって「未規定な環境複雑性」となります。

一方、吉沢氏のばあい貨幣（の観念）が先にあって、それを原点（ゼロ記号）ないし中心としてまわりに財の世界ができあがるとされています。私はこの「貨幣が生成する財の世界」は中心からの距離、すなわち価格によって秩序づけられており、その複雑性は経済システムにとって「規定された環境複雑性」であると考えます。視覚的に表現するなら、多種多様な財が平面上を勝手きままに動き回っているところに貨幣が登場すると、それらの財は一点、つまり貨幣を中心とする同心円上に整列し、みずからの位置する円軌道上をまわりはじめるのです。この円軌道の半径がそれぞれの財の価格であり、財は価格が変動するたびに別の円軌道に移ることになります。物理学にでてくる「ボーアの原子模型」のイメージです。いまはやりの一〇〇円ショップは、半径一〇〇の円軌道上をまわる財を集めて売っている店というわけです。「平面上の勝手きままな動き」と「円軌道上の回転と軌道変更」が、「未規定な複雑性」と「規定された複雑性」にそれぞれ対応していることは明らかでしょう（なお、**2—3**の希少性の議論を加味するなら、吉沢氏の「財」は経済学でいう「経済財」のうち、その希少性が貨幣によって二重化され価格のついたもの、ということになります）。

経済学の定義による財の世界、あるいはそれの示す未規定な複雑性は、経済システムにとっていまだ問題とはなりえません。第１章で述べたように、経済システムは「支払い」を要素とするオートポイエティック・システムですから、ものごとは支払いと結びついてはじめて経済システムの問題となります。支払いは支払われるべき金額＝価格の存在を前提としており、価格は貨幣によって二重化された希少性の表現である、というぐあいにたどっていくと、財の世界の複雑性は結局、希少性の問題に変換しうるとき、そしてそのかぎりでのみ、経済システムによって把握され処理可能となることがわかります。これは希少な財を「経済財」と呼んで「自由財」と区別する経済学の用語法にも合致します。

３—２　システム複雑性としての価格

ここであらためて価格のはたらきに注目しましょう。個別財、たとえばコメをとると、その価格には売り手が提示する供給価格や買い手が提示する需要価格、政府による統制価格、道徳的見地からの公正価格、さらには理論的な均衡価格などいろいろな性格のものがありえます。そしてそれぞれの価格にはコメという財をめぐるたとえば売り手（農家・精米業者・米穀店等々）や買い手（一般消費者・酒造会社・菓子メーカー等々）のもろもろの事情、政治的・道徳的あるいは学問的（理論的）判断とその背景などじつに多彩な事柄が反映されています。つまりコメの価格はコメにまつわる環境複雑性を経済システムに投影した像にほかならないのです。

価格の役割が環境複雑性の写しとりにあるとすれば、同一の財について複数の価格が存在し、おのおのが変動しうるという条件は必須です。価格がただひとつ（一物一価）であったり固定していては、絶えず変化する（ないし変化しうる）環境の複雑性をとらえそれをシステム内に映しだすことなどできません。注意すべきは、「価格という概念は……、交換関係において実際になされた貨幣支払い（支払われた金額）ではなく、予期される貨幣支払い、よりくわしくいえば、希少な財の占取に対する反対給付として予期さるべき貨幣支払い、にかんする情報を表わしている」（『社会の経済』[34]訳六頁）ことです。実際に支払われた価格が経済学でいう均衡価格や、もしかすると統制価格に、数値上一致したとしても、その価格はもはや環境複雑性を代理しておらず、たんに経済システムの個別作動（＝支払い）の大きさをあらわすいわば脱色された変数にすぎません。経済学がおもに関心を寄せるのはこの「脱色された変数」としての価格ですが、ルーマンの目がとらえた価格は環境複雑性を写しとるのに必要な複雑性、システム理論家アシュビー（William Ross Ashby, 1903-）の用語を使えば「必要多様度」[2]をみずからも備えているのです。価格は経済システム固有の概念ですから、価格のもつ複雑性は「システム複雑性」であり、しかもそれぞれの価格が未規定な環境複雑性を写しとったものであるかぎり「未規定なシステム複雑性」です。

ところでこの「未規定なシステム複雑性」をもつ価格、ルーマンのことばでは「予期されるべき

表１　財と価格の複雑性

	環　　境	経済システム
未規定	欲求充足に役立つ物的手段としての財 （経済学の定義による財）	支払い予期価格
規　定	価格のつけられた希少な財	支払い実現価格

貨幣支払いにかんする情報」としての価格（以下、「支払い予期価格」と呼ぶことにします）は、まだ支払いに直結していませんから、その意味でも「未規定」なのですが、実際に支払われる価格（以下、「支払い実現価格」と呼ぶことにします）のほうはどうでしょうか。こちらは経済システムで現に生じている個々の作動の大きさを示すという意味で明らかに「規定」されています。しかし、単一の財についても実現価格には変動がありえますし、何よりも多種多様な財ごとに多数の「支払い実現価格」が並存し、しかも財の目録の変化（新製品の登場や旧製品の退場）にともなっていれかわりもあります。いかに「脱色」されていようとも、経済システムにおけるみずからの機能を果たすためには「支払い実現価格」もまた複雑性を保持していなくてはならないのです。それゆえ、実際に支払われる価格（支払い実現価格）は、「規定されたシステム複雑性」をもつといってよいでしょう。

以上、**3—1**とあわせて財と価格の示す複雑性をルーマンにしたがって区分すれば**表1**のようになります。区分の枠組みは、ハーバーマスとルーマン『社会の理論か社会工学か』のフォームを使いました（[11]三〇一頁、訳書では三八九頁を参照）。ただし、原表で「システム」となっているところを「経済システム」と特定化してあります。またこの表は財と価格の複雑性がどの区画にあてはまるかを示したものであり、財と価格の複雑性だけが経済システムにかかわりをもつと主張しているわけではありません（この区分の枠組みにかんしては、馬場靖雄氏の『ルーマンの社会理論』[3]二九―三四頁が参考になります）。

3―3　価格の差異と環境複雑性

3―2で、価格が環境複雑性を経済システム内に写しとる役を果たすためには、同一の財について複数の価格が存在する余地がなくてはならないことを指摘しました。ところがもうひとつ、「同一の財について多数の価格が存在しうるほど環境は複雑でなければならない」という逆方向の条件もみたされる必要があります。この両者がそろってはじめて、取引が成立し支払いがなされうる、いいかえると経済システムが作動しうるのです。環境複雑性は一見するとシステムにとって厄介者のようですが、じつは経済システムは複雑性を糧にして生き延びているのです。この点を2―3の仮想事例に戻って説明しましょう。

バザーに出品されていたダンプカーは裕君と剛君ふたりとも欲しかったおもちゃです。たまたま裕君が先に来たために彼の手にはいりましたが、もしふたりが同時に来ていたらどうなったでしょうか。要点をうきぼりにするため、子供だけでお小遣いのはいった財布をもって来たとします。ダンプカーには二〇〇円という値がついています。これは売り手がつけた供給価格です。裕君にとって二〇〇円は自分の欲求と財布のなかみに照らして払える（払ってもよい）値段ですが、剛君はいまのどがかわいてジュースをどうしても飲みたいのです。ジュースを買った残りは一五〇円で、これが払える上限です。このようにふたりの抱えている事情が異なり需要価格の差が生ずるばあいには、取引は平和裡に実行されます。しかし裕君と剛君ふたりとも二〇〇円が払える（払ってもよい）上限の値段だったらどうでしょう。二〇〇円では需要超過ですから売り手は値段をあげるかもしれません。このとき取引は不成立です。値段は二〇〇円のままでじゃんけんに勝ったほうに売るとしたら、希少性問題の処理を非貨幣的手段にゆだねることになります。いずれにしても価格（貨幣）は機能不全におちいります。

この事例のポイントは、裕君と剛君の欲求やふところぐあいが異なっていたために、同じ二〇〇円という供給価格が裕君にとっては払える（払ってもよい）価格であったのにたいし、剛君には払えない（払う気のしない）価格だったということです。あるいは、欲求やふところぐあいの違いが需要価格の差異となってあらわれたといってもよいでしょう。この価格の差異ないし不均等は、貨幣が希少性問題を首尾よく処理しうる（したがって経済システムが円滑に作動しつづける）ための必要条件です。もし買い手がすべてクローン人間で環境条件も同じであれば、需要量は買い手の総数の整数倍で不連続に変化しますから、需給一致のもとで取引が成立する（つまり価格メカニズムが十全にはたらく）可能性はきわめて小さくなります。一般に環境が複雑で欲求やふところぐあいに大きなばらつき（＝不均等）が生じるほど需要価格のばらつき（＝不均等）も大きくなり（つまり需要量の変化が連続的になり）、需給一致の可能性が高まると考えられます。

こうして、はじめにあげた「同一の財について多数の価格が存在しうるほど環境は複雑でなければならない」という条件が導かれるわけです。ルーマンも、不均等こそ経済システムの根本条件であり、均等はシステムの作動を致命的にさまたげるので、経済システムの環境は不均等を生むのに十分なほど複雑に入り組んだものでなければならない、と述べています（『社会の経済』［34］訳一〇三頁）。

3—4　経済のオートポイエシスの再確認

第2章とあわせここまでの話をふりかえってみると、貨幣・価格のはたらきにもとづいて作動する経済システムは、全体社会（Gesellschaft）のかかえる環境の複雑性という本来の問題を、システム固有の「希少性問題」に変換（ルーマンのことばでは「問題転移」）したうえで、またその変換が可能な範囲で、処理していることがわかります。ただし、複雑性ないし希少性の問題を処理するというとき、それが意味するのはあくまでもシステムの作動をになう個々の取引当事者にとっての複雑性や希少性を減らしたり、なくしたりすることであり、けっして経済システムにとっての縮減・解消を意味していない点に注意する必要があります。

全体社会にせよ、その部分システム（経済、政治、学問等々）にせよ、それをオートポイエティック・システムとみるかぎり、システムそのものに目的はありません。より正確にいうなら、システムがみずから設定したみずからの目的はありません（『社会の経済』[34]訳四六―四七頁）。それゆえ、システムの作動をになう者（システム参加者）あるいはシステムの観察者がシステムに託した機能を「システムの目的」と呼ぶのは、いまのばあい誤解のもととなりますので避けなければなりません。複雑性や希少性の縮減・解消は経済システムの機能ではあっても目的ではないのです。それどころか、経済システム自体は複雑性や希少性を前提にして、あるいはそれらを再生産することで、維持されるのです。

経済システムが作動しつづけるためには同一財について多数の価格が存在しうるほど環境が複雑でなければならないという点はすでに**3―3**で明らかにしました。複雑性は経済システムのいわば糧になっているわけです。もうひとつ、**2―3**で「希少性を取り除こうとする『占取』行動が希少性を生みだし、その希少性がまたあらたな占取行動をひきおこすというパラドクシカルな自己準拠的関係が成立する」と述べたのを思いだしてください。これは「占取」が先の裕君と剛君の仮想事例のように暴力的であろうと、貨幣支払いを通じた平和的なものであろうといえることです。しかも貨幣支払いのばあいには、買い手にとっては財の希少性が減る一方で貨幣の希少性が増し、売り手にとってはその逆という二重の関係になります。結局、経済システムはその作動を通じて全体としての希少性を減らすのではなく、異なったシステム参加者間で希少性を移転あるいは再生産するのです。同じことを複雑性の観点からとらえてルーマンは、「支払いが伝送するものは、定まった量的限界の中で規定されていないポテンシャルであり、……支払いは未縮減ながら縮減された複雑性を伝送するのである。貨幣でもって受取人は彼の望むことを始められる。すなわち、使い道自由という性質は伝送によってなくなるのではなく、オートポイエティックに復元されるのである」（『社会の経済』[34]訳二四九頁）と表現しています。貨幣の支払いは量的に限定された使い道の自由を支払人から受取人に伝送することにほかなりませんが、これをルーマンは「未縮減ながら縮減された複雑性の伝送」と呼んでいるのです。つまり使い道が自由という意味で未縮減であり、量的に限定されているという意味で縮減された複雑性なのです。以上をまとめると、「経済システムは、希少性と複雑性をともに糧としかつ再生産しながら、しかもみずからは目的をもたずに作動しつづけるオートポイエティック・システムである」ということができます。そしてこの命題はルーマンの経済システム観を凝縮したものでもあるのです。

第4章　貨幣と道徳

4―1　貨幣取引の道徳的免責条件

先の2―2で、貨幣の象徴的一般化が悪魔的側面をもち、そのひとつのあらわれとしてひとびとの倫理的あるいは宗教的感覚が（少なくとも部分的に）麻痺ないし鈍化することをみました。そこで問題となるのは、こうした悪魔性ゆえに貨幣を、正確には貨幣を用いて取引する（つまり経済システムに参加する）売り手・買い手を、道徳的に非難しうるのか否かという点です。この問いにたいしてルーマンは次のように答えます。すなわち、「貨幣の使用があまねく認められるためには、……外部の機能にかかわる経済化できない事柄を分離・除外する必要がある。……金銭化しすぎた状況に対するある種の反応（宗教的・道徳的非難）は、経済が十分に分化し切っていないことからくるものであって、全体社会が機能的分化に移行するならそうした反応は起こらずにすむ。金銭的取引を〔経済システム内に〕限定することは、金銭的取引が純粋に経済的な事柄として道徳上免責されるための条件なのである」と（『社会の経済』[34] 訳二四一頁。〔　〕内および傍点は引用者の補足）。つまり、経済の領域と非経済的領域がはっきり分かれているなら、経済の領域における貨幣の使用ないし金銭的取引は道徳的な非難を免れるというわけです。しかしこの答えはあらたな問いを生みます。いったい経済の領域と非経済的領域の境界線はどのようにして引かれるのでしょうか。ルーマンの記述では、機能的分化がおのずと（自生的に）境界線を確定していくかのようにもとれますが、事柄はそれほど単純ではありません。

なによりもまず、ルーマンの右の答えはトートロジーを含んでいるようにみえます。というのは、経済の領域で金銭的取引が道徳上免責されるとわかっていれば、境界線の確定段階で道徳的判断をせざるをえないからです。すなわち、技術的に金銭的取引の対象になりうるというだけではなく、金銭的取引が道徳的に許容されるかどうかを見きわめたうえで、許容されるもののみを経済の領域に入れ、それ以外は非経済的領域に入れるというふるい分けをする必要があるからです。逆に、そうしたふるい分けがあらかじめなされているのであれば、経済の領域で金銭的取引が道徳上免責されるのは自明です。しかし、トートロジーやパラドックスを好んでとりあげるルーマンがみずからトートロジーにおちいったとは考えられません。そこでうかびあがってくるのが、これもまたルーマンではおなじみの視点ですが、「免責」（Freistellung）のもつ「複雑性縮減」ないし「負担免除」

効果です。領域確定の段階では道徳的判断が必要であるにせよ、ひとたび判断がなされ経済の領域が定まれば、その領域内では貨幣の使用にかんしてそのつどいちいち道徳的な判断を下す必要がなくなって（負担が減って）、システムの作動が円滑化する。これがポイントなのです。機能的に分化した社会は、金銭的取引を経済の領域に限定することによって、さもなければ取引（支払い）のつど必要となる膨大な量の道徳的判断を省略する。この複雑性縮減メカニズムにこそ着目すべきなのです。

ルーマンの真意を見定めた（脱トートロジー化した？）ところで、あらためて経済の境界線の問題にたちかえり、回り道のようですが、「道徳」とは何かを問うことから再出発してみましょう。

4—2 「道徳」の現代的意味

いままで「道徳的非難」とか「道徳的判断」といったことばを使いながら、そもそも「道徳」とは何かについてはふれませんでした。このテーマに正面から取り組むことは本書の主旨からはずれますし、私の力量の及ぶところでもありません。ここではルーマンにしたがって、「道徳とは、ひとが尊敬されるのか軽蔑されるのかを決めるもろもろの条件の総体である」ととらえておきましょう。そのさい次のふたつの点に注意しなくてはなりません。すなわち、①何をもって道徳とみなすかについては意見の一致がみられるとはかぎらず、どの程度までコンセンサスを得るかが道徳がうまくはたらくかどうかを決める重要な要因であること、②尊敬はひとの人格全体の評価にかかわっており、そのひとの個別的な功績とか能力たとえば専門分野やスポーツや恋愛における力量の評価とは区別されること、です（『社会システム理論』[33]訳三七三—三七四頁）。たとえばマラソンの優勝者や文学賞の受賞者はたしかにマラソン選手や作家として尊敬されるでしょうが、だからといってマラソンその他のスポーツ能力や文学的才能は道徳上の評価項目にはならないのです。道徳に結びついた尊敬はあくまでも人物全体（全人格）にかかわる一般化された評価を意味しており、くだんのマラソン選手や作家であれば、彼・彼女らが「いったん引き受けた仕事をきちんとやり遂げた」がゆえに、みずからの（マラソン選手や作家としてのではなく）一個の人物としての道徳的な評価を高める可能性はあります。ただ、「いったん引き受けた仕事をきちんとやり遂げる」ことを道徳的に「善い」とみるかどうかについては異論がありえます。とくに時代とともにコンセンサスの遷移が生じ、昨今ではたとえば「劇場でジーンズをはいていることはもはや道徳違反とはみなされず、一方エコロジーの観点からは、どんな洗剤を使うか、どういう種類の紙を使うかが道徳の問題となりうる」（ルーマン『社会の社会』*Die Gesellschaft der Gesellschaft*, 1997 の第2章第13節「道徳的コミュニケーション」[36]三九八頁）状況ですし、投機にたいする道徳的評価も（少なくとも日本では）ほぼ逆転してしまいました。他人の存在など眼中になく、車内で化粧に励み携帯電話でしゃべりまくることも、軽蔑すべきと考えるほうが軽蔑されそうな勢いです。こうした状況から示唆されるのは、今日の社会では道徳の絶えざる揺らぎは話の腰を折る邪魔者ではなく話の出発点とすべき事実なのだ、ということです。

経済・政治・学問・教育・芸術・宗教等々の機能的な部分システムがそれぞれオートポイエティック・システムとして分化している現代社会では、道徳は中世ヨーロッパにみられたような宇宙論的-魔術的および宗教的な支えを失い、「もはや全体社会を最善状態の観点から統合するのには役立ちえなくなって」いますが、だからといって道徳が役割を失ったわけではありません。道徳の揺らぎを見すえたうえでルーマンは「多くの事例が示唆するところでは、道徳はいまや一種の警告機能を引き受けている」といいます（『社会の社会』［36］四〇四頁）。すなわち、緊急の社会問題であるにもかかわらず個別機能システム内では解けないような問題（たとえば地球環境問題や臓器移植・遺伝子操作の問題）にたいして、社会は機能システムとは別の道徳的コミュニケーションという手段を投入することで、とりあえず問題の重大性を認知するのです。しかし、支えを失って揺らぐ現代の道徳は善・悪にかんする合意をえられず、問題の解決ではなく果てしない論争あるいは紛争へと導く可能性が少なくありません。いやむしろ、自分に直接かかわらないかぎり道徳的判断を停止する大量の「ドロップアウト」を生みだす可能性のほうが大きいかもしれません。ルーマンが皮肉をこめて指摘するように、こんにち「道徳」ないし「倫理」は、重大な社会問題にかんして「しっかりと根拠づけできる実用可能な意思決定規則が存在するという幻想を守るために持ちだされるのだが、実際にはトーマス・モアの『ユートピア』でいう正確な逆説的な意味でのユートピア（見つけられない場《トポス》、存在しない所）の機能を有している」（『社会の社会』［36］四〇五頁）のではないでしょうか。

現代社会の道徳は結局、ゆらゆら揺れ動きつかみどころのない陽炎のようなものということになりましたが、それが経済の境界設定にどう反映するのかを次にみておきましょう。

4―3　経済と非経済の領域区分

経済の領域と非経済的領域の境界線の確定は道徳的判断を含んでおり、現代社会ではその道徳が激しく揺れ動いています。とはいえ、領域区分そのものは経済ひいては社会の円滑な作動を助ける複雑性縮減（負担免除）戦略のひとつであり、このことを意識的に理解しないまでも、またどこに境界線を引くかについて意見の不一致があるにせよ、領域区分の必要性は機能的に分化した現代社会の共通認識になっているように思えます。一方、歴史をさかのぼれば「友人や女性、魂の救いや政治的影響力、さらには国家そのものまで、そして徴税権、官房査定権、貴族の称号等々にいたるまで、ほとんどすべてが貨幣で買え」た時代もありました（『社会の経済』[34] 訳二四一頁）。たとえばジンメルは、「経済的動機が唯一の本質的な動機をなす結婚（貨幣結婚）は、……とくに原始的な集団や状態においてはきわめて頻繁にみられるものであり、そこではなんらひんしゅくを買うおこないとはなっていない。こんにちでは、個人の愛情にもとづかないあらゆる結婚は当人の品位を落とすことになるが、……上のような単純な文化状態においてはそうした事実は認められない」といっています（『貨幣の哲学（綜合編）』[54] 訳一六六頁。〔　〕内は引用者の補足。ただし、訳文はかならずしも訳書にしたがっていません）。これを聞いて、昔は経済の領域が現在よりもはるかに大きかったのだと勘違いしてはいけません。いわれている時代あるいは文化状態においては、そもそも経済の領域という観念が明確でなく、したがって道徳は境界線の設定などという（小さい？）役割を負っていなかったとみるべきです。現代人の目には「未分化」な社会と映るわけですが、そのぶん道徳が重みと鷹揚さをもっており、4—2でのルーマンの道徳論を借りれば、道徳が社会を（領域うんぬんといった細かいことにわずらわされず）まるごと統合する役をになっていたと考えられます。ひるがえって現代社会の道徳は、機能領域の境界の（頼りない？）監視人あるいはたんなる警告ブザーへと格下げされてしまったかのようです。

さて、揺れ動く道徳によって領域区分がなされるとすれば、経済の領域と非経済的領域は一本の線ではなく、ただようグレイ・ゾーンによって分けられているといえるでしょう。たとえば、いまでは生命保険会社が命の値段を計算するからといって非難するひとは少ないでしょうが、臓器売買にたいしてはまだまだ大きな抵抗がみられます。芸術作品の取引は日常的におこなわれていますが、入学許可を学力ではなく貨幣の支払いのみで与えると公言する大学はいまのところないようです。これらは現時点でのグレイ・ゾーンのありかを教えると同時に、将来の境界移動の可能性をも示唆してくれます。しかし、グレイにせよ揺れ動くにせよ、全体社会やその部分システムである経済は曲がりなりにも現に作動をつづけています。とすれば、グレイ・ゾーンにおける道徳的判断の不一致にもかかわらず、大多数のひとが経済固有とみなす領域（あるいは非経済的とみなす領域）、つまりコンセンサスを得た領域、が致命的に縮小ないし変動してはいないとみるべきでしょう。たとえば汚職はあい変わらずあとをたちませんが、だからといって贈収賄はもはや罪ではなく経済的取引なのだと主張する声は聞かれません。公共工事の発注を例にとると、まず発注先の決定方法の決定は非経済的領域（政治・行政システム）に属するものの、かりに入札方式と決まれば発注先の決定は経済の領域の問題であるという点について大方の判断は一致するでしょう。そのうえで、前者に貨幣メディアを用いること（たとえば政治家や役人に賄賂を贈って自己に有利な決定方法の決定にもちこもうとすること）や、後者に政治的メディアである権力を用いること（たとえば政治家がその地位ゆえに得た入札情報を特定業者に漏らすこと）は「悪い」という判断も、おおくのひとの共有するところでしょう。

4―4　道徳としての「メディア・ミックス禁止」

ここで視野を経済から社会全体に広げてみましょう。現代社会は機能分化によって特徴づけられるとはいえ、機能的な部分システムの境界は、経済についてすでにみたように、かならずしも固定した明確なものではありませんし、固有のコミュニケーション・メディアがいまだ発達していないため部分システムとしての分化が認められないコミュニケーション領域も存在します。それにもかかわらず、「いったんある部分システムに属するとされたコミュニケーションにかんしては、その部分システム固有のメディアのみが用いられるべきであり、他の部分システムのメディアを混用してはならない」という要件は、右の公共工事の例が示すように、広く受け入れられています。この要件は、ルーマンが経済にかんして述べた「道徳的免責」条件（4—1参照）を、部分システム全体に一般化した表現にほかなりません。ちなみに、ルーマンとのつながりをより鮮明にすべく「部分システム固有のメディアは当のシステム内のコミュニケーションにのみ用いられるべきであり、他の部分システムのコミュニケーションに用いてはならない」といいかえても、もちろん内容は変わりません。

では、この要件（「メディア・ミックス禁止の要件」と呼ぶことにします）それ自体は道徳なのでしょうか。ルーマンによれば、経済的コミュニケーションの領域をほかから区別し貨幣メディアの使用（金銭的取引）を経済の領域に限定することは、経済システムひいては全体社会の円滑な作動を助ける複雑性縮減（負担免除）戦略でした。これを一般化して考えるなら、「メディア・ミックス禁止」にはもともと道徳的な意味あいはなく、システムの作動を円滑化するための技術的要請だったと推察できます。ジンメルのあげた「貨幣結婚」のケースはこの推察を裏づけるものでしょう。じっさいジンメルは、社会の分化とともに高まった個人主義化は、貨幣を純個人的な関係にとってますます不適当なメディアにするといっています（『貨幣の哲学（綜合編）』[54] 訳一六七頁）。ルーマンのことばに直せば、社会の機能的部分システムとしての「家族」の分化とともに、その固有メディアである「愛」以外のメディアに媒介された結婚は家族システムの作動にとって有害なものとなる、ということです。もうひとつ官職売買（売官）のケースをみてみましょう。4—3の引用でルーマンが「国家そのものまで…貨幣で買える」といったのは中世末期の状況をさしていますが、日本でも平安時代から鎌倉期にかけて金銭の納入と引き換えに任官・叙位をおこなう制度（年給）がみられました。中国では時間的なスケールがぐんと拡大し、秦の始皇帝の時代から清朝末期にいたるまで売官・売位制度は断続的に実施されています。これらは主として国家財政を補う目的で文字どおり公におこなわれたわけですが、官界の混乱・腐敗を誘発し政治・行政システムの作動をさまたげる結果となりました。たとえば、清朝末期の官界の腐敗ぶりは李伯元の『官場現形記』〔29〕に描かれています。社会の機能的分化が進むにつれてこうした制度が廃止されるのは当然のなりゆきでしょう。権力そのものの売買がかつて公認されていたとすれば、権力行使（たとえば公共工事の発注）と引き換えに金銭を授受することが贈収賄として禁止されるのも、やはり機能分化社会になってからと推測できます。洋の東西を問わず、いまだに贈収賄事件はあとをたちませんが、これをいつの時代にもモラルを欠いた政治家や役人がいるものだと嘆く前に、「メディア・ミックス禁止」はもともと道徳だったのだろうかと自問してみる必要がありそうです。

先にルーマンの道徳論によりつつ、現代社会の道徳は機能領域の境界の監視人あるいは警告ブザーにすぎないといいましたが、いまとりあげている「メディア・ミックス禁止」は、機能的に分化した現代社会が自生的につくりあげた警告ブザーとしての道徳の一例であると私は考えます。つまり、本来はシステム作動上の技術的要請だった「メディア・ミックス禁止」がいつしか道徳とみなされるようになったということです。いつ誰が道徳にしたのかと問われてもおそらく答えられないでしょう。機能分化社会への進化の過程で、技術的要請の充足可能性を高めるための効果的なやり方としておのずと選ばれたのが道徳への転化であったと思われます。「現代社会が自生的につくりあげた道徳」といったのはこの意味です。「メディア・ミックス禁止」が道徳になれば、メディアを混用する者は軽蔑されるべき「悪い」人間となります。じっさいそうした人たちあるいは混用そのものを呼ぶ「蔑称」も用意されています。たとえば金権政治家（権力メディアと貨幣メディアの混用）、御用学者（真理性メディアと権力メディアの混用）、政略結婚（愛メディアと権力メディアの混用）などがそれです。特定の呼び名はありませんが、金儲けのために作品を量産する芸術家や政治的野心をもつ宗教家が往々にしてネガティヴな評価を受けるのもメディアの混用ゆえでしょう。ただ、すべてのメディアについて同じ程度に「メディア・ミックス禁止」が道徳化しているとはいえません。たとえば、こんにちでもその例がみられる宗教芸術（宗教画、宗教音楽など）を道徳的に非難する声は聞かれません。また、右にあげた諸例でも、法的に禁止されているもの、大多数のひとびとの激しい怒りを買うものから、個人的に苦々しく思ったとしても「何が悪い」と開き直られたらそれまでというものまで、一様ではありません。こうした違いがどこからくるのかは興味深いテーマですが、それを追うことは本筋ではありませんのでほかに譲り、いまは次の事実を確認するにとどめましょう。すなわち、少なくとも貨幣メディアにかんしては、程度の差はあれ「メディア・ミックス禁止」が道徳化している、ということです。

＊

本章では経済システム・貨幣メディアとのかかわりを中心に、機能分化社会における道徳の役割をみてきました。道徳はかつて機能的に未分化な時代にになっていた社会全体を統合する重い役目を解かれ、いまでは機能領域の境界設定によりどころをあたえ、領域侵犯（＝メディア・ミックス）に警告を発するいわば境界管理者になっています。結び合わせる（統合する）役から引き離す（境界維持）役へ、といいあらわすこともできるでしょう（**第2章**にでてきた貨幣の「象徴的一般化」と「悪魔的一般化」の話を思いだしてください）。この境界管理によって、機能的部分システム内での参加者のふるまいは当の部分システム固有のメディアのみを用いてなされるかぎり道徳的な責めを免れます。これはシステムにとって複雑性の縮減ないし負担軽減を意味し、そのぶんシステムの作動は円滑化するわけです。「システムの有能な関守」、これが現代の道徳の姿なのかもしれません。なお、本章の議論を補うものとして私の論文「経済システムと社会の道徳」（[23]）を参照していただければ幸いです。

第5章　貨幣と時間

5―1　貨幣の一般化と時間

「時間」は物理学・数学・哲学・心理学・社会学など多方面の研究者をひきつける魅力的なテーマでありつづけています。異なった学問分野からの関心を結び合わせるという意味で「象徴的」テーマと呼べるでしょう。しかし、**第2章**でみたように「象徴性と悪魔性は分かちえない一体をなしている」のです。多面的な接近は、時間をめぐる共通の理解に収斂するよりも、互いに交わることのない（分離した！）時間観を堆積させているように思えます（たとえば、服部セイコー編『時間――東と西の対話』[12]を参照）。先の**第4章**では、「道徳とは何か」という大テーマへの取り組みを、ルーマンの道徳論を借りることによって回避しましたが、ここでもまた「時間とは何か」という底無し沼のようなテーマにまともにぶつか（って砕け散）るのではなく、貨幣を通して見える範囲で時間を論じることにしましょう。

貨幣と時間のかかわりはまず、「貨幣の一般化」のなかにあらわれます。**第2章**で述べたように一般化には三つの次元があり、そのひとつ時間次元での一般化は貨幣の価値保蔵機能に対応していました。すなわち、貨幣はいますぐでなくとも将来の任意の時点での支払いに使えますから、将来への備えとして役立ち、いわば現在と将来のあいだの橋渡しをしてくれます。しかし、皆が貨幣を使わず保蔵するのであれば経済システムの作動は止まってしまいます。実際には価値保蔵機能といえども経済的コミュニケーション、つまり取引と結びつけてとらえる必要があります。財の売買の場面に即して具体的にいえば、買い手＝支払人はある財を買うと決める（選択を実行する）ことで貨幣を売り手に渡さねばなりませんが、売り手＝受取人のほうはみずからの財と引き換えに貨幣に体現される選択の自由を手に入れ選択を将来に先送りすることができます。少し堅い表現をするなら、取引の媒介を通して貨幣は支払人側の選択の実行（＝現在化）を受取人側の選択の先送り（＝未来化）に変換するのです。これを貨幣の時間転移作用（timetransferring-effect）と名づけておきましょう。

貨幣の一般化の事象次元と社会的次元はそれぞれ価値尺度機能と一般的交換手段としての機能に対応していました。右と同じく取引の場面でみると、多種多様な財・サービスの価値が貨幣額（価格）で一元的にあらわされ（価値尺度機能）、しかも貨幣を用いることで相手の人格・動機・利害などをいちいち斟酌せずに取引ができます（一般的交換手段としての機能）。これによって取引にともなうもろもろの負担（取引費用）が貨幣を欠くばあいと比べ軽減されますが、なかでも取引成立までに要する時間は大幅に短縮されます（貨幣の時間節約作用 timesaving-effect）。われわれは貨幣のおかげで、初めての土地で初めての店にはいってもすぐさま温かい食事にありつけますが、物々交換で未知の相手から食べ物を手に入れようとすれば、どれほどの時間とエネルギーを費やさねばならぬことでしょう。ちなみに貨幣以外のメディアでも、たとえば権力や真理性のように、時間節約作用をもつものはありますが、コミュニケーション当事者双方がともに時間を節約できる点で貨幣はきわだっています。権力のばあいには権力にしたがう者が時間を消費するかぎりで権力行使者は時間を節約でき、真理性のばあいには真理探求者の時間消費のおかげで真理受容者が時間を節約できるのです（この点のくわしい説明は私の『経済システム』[24]第6章「メディアと時間」に譲ります）。

以上で、一般化した貨幣が時間転移作用と時間節約作用をもっていることが明らかになりました。けれども、時間との関連でもうひとつ忘れてならないのは「不可逆性」という視点です。貨幣支払いの不可逆性と時間の不可逆性、このふたつの結びつきを次節で検討してみましょう。

5—2　貨幣支払いの不可逆性

5—1の「貨幣の時間転移作用」のところで、「買い手＝支払人はある財を買うと決めることで貨幣を売り手に渡さねばならないが、売り手＝受取人のほうはみずからの財と引き換えに貨幣に体現される選択の自由を手に入れる」と述べました。取引を通じて選択の自由が支払人から受取人に移されるわけです。ここで注意していただきたいのは、自由の移動方向は「支払人から受取人へ」であって、その逆はありえないという点です。これは支払い過程の不可逆性と関連しています。新車を購入して代金をディーラーに支払ったとしましょう。ひとたび買ってしまった新車をもとのディーラーのところへもちこんでも（欠陥車でないかぎり）お金をかえしてはくれません。どうしても換金したければ、中古車市場の売り手として買い手を探すしかないでしょう。フィルムの逆回しにたとえれば、支払い過程を撮影したフィルムを逆回ししたときの映像は現実には起こりえないのです。

貨幣支払いの不可逆性はそれ自体なんらめあたらしい事実ではなく、あらためてとりあげるまでもないと思われるかもしれませんが、経済システムにとっては決定的な意味をもっています。不可逆性があるからこそ、支払いという作動は未来へむかってつぎつぎと繰りだされ、「経済はまるでジェット推進原理に従っているかのように前へ前へと駆りたてられる」（『社会の経済』[34]訳一三五頁）のです。もし支払いが可逆的であれば、つまり支払いの取り消しがつねに可能であれば、経済システムが成り立ちえないことは明らかです。いつでも返品ＯＫなどというディーラーの商売が成り立つはずもありません。支払いの不可逆性は経済システムのオートポイエティックな存続に欠かせない性質であり、システムにおける時間の矢を過去から未来へとむかわせるものなのです。

いまやあたりまえのような支払いの不可逆性も、貨幣なくしては確かなものとはなりえません。

物々交換の世界にたちもどって、馬1頭と交換に新車を手に入れるというケースを想定しましょう。このばあい、「新車入手」という出来事は、「馬の譲渡」という出来事と背中あわせになっています。もしかしたら、新車に乗るたびに手放した馬のことが思いだされるかもしれません。別れぎわのあのすがりつくような馬の目を（！）。ところでくだんの馬はといえば、かつて大切にしていた箪笥と交換したものでした。さらにその箪笥は……。かくして時は限りなく過去へとさかのぼります。これらの取引をフィルムに記録しておいて逆回しするならば、逆プロセスも完全に実行可能なことがわかるはずです。新車と交換に馬を手に入れ、ついで馬と交換に箪笥を手に入れ、さらに箪笥と交換に……。貨幣支払いのばあいには逆プロセスは実行不能ですから、時間は前へ前へと進むしかありませんが、物々交換の世界では時の矢の逆転もありうるのです。時間の逆転といっても、もちろん過去へ戻るタイムマシンの話ではありません。いま問題にしているのは社会システムにおける出来事であり、そこでは「社会的時間」を天文学上の時間と区別して導入することが可能であり、また必要でもあると示唆したかっただけです。経済学者が社会的時間の矢を天文学上の時間と同じく過去から未来へむかう一方向と信じて疑わないとすれば、それは貨幣の存在を自明のこととしているからではないでしょうか。近時、情報通信技術の進歩やグローバル化とともに経済はその「ジェット推進力」をますます強めつつありますが、私はあえて社会的時間の逆転可能性に注意をうながしたいと考えます。

5―3　支払いの不可逆性の文明論的帰結

社会的時間の重要性を指摘したソローキン（Pitirim A. Sorokin, 1889-1968）とマートン（Robert K. Merton, 1910-）によれば、かつての社会的・質的で（つまり非天文学的で）ローカルな時間体系は、都市化・社会分化・コミュニケーション範囲の拡大などによって次第に不便なものとなり、かわって天文学的で純粋に量的な時間体系が広く採用されるようになったのですが、社会の動態を分析するさいにはいまなお社会的時間概念は欠かせないといいます（ソローキンとマートンの論文「社会的時間――方法論的・機能的分析」[56]を参照）。社会の動態の一例として市場の拡大をとりあげてみましょう。定期市（たとえば六斎市）が栄えた時代に、市の開催日を基準にして地域ごとに成立していた時間サイクル（六斎市であれば5日周期）は、全国市場やグローバル市場の時代にはまったく無用となります（「社会的時間」[56]六二四―六二五頁）。いまや、二十四時間オープン・年中無休・不眠といった標語に象徴される周期も切れ目もない一様な時間の流れこそが市場の求めるものなのです。市場の拡大はほかならぬ社会的時間の概念の変容をもたらしたといえるでしょう。ちなみに周期的に開かれる市場には、一方的な前進に身を任せずにみずからをもとへ戻す（あるいはみずからを反省する）仕組みが備わっています。そこでは、ある意味で時間の前進と逆転が交互に繰りかえされるのです。季節ごとに同じ時期には同じような種類の農作物を同じような量だけ並べる朝市のおばさんを思い浮かべてください。グローバル市場では農作物といえども季節的な周期とは無縁です。こちらになければ地球の反対側から空輸してたちまち店頭に並べることができるのです。

5—2 に登場した物々交換が周期性と結びついた興味深い例は、マリノフスキー（Bronislaw K. Malinowski, 1884-1942）の『西太平洋の遠洋航海者』[38]にでてくる「クラ交換」です（同書のとくに第3章を参照）。クラは副次的に日用品の交易をともなうことがあるとはいえ、それ自体は腕輪と首飾りの儀礼的な交換の鎖であって、ふたつの品物が多くの島・多数の部族を結ぶ環に沿って互いに反対方向にまわっていくのです。物々交換として見れば、ある者Aの前後に交換相手B、Cがおり、AはBに自分の腕輪を渡し（支払い）お返しに首飾りをBから受け取ります。Aの「支払い」によって生じる「腕輪の欠落」は反対側にいるCとの交換、すなわちCの腕輪とAの首飾りの交換によって埋めあわされます。Cの腕輪はAがBに渡した腕輪とはさしあたり別物かもしれませんが、交換を繰り返すうちに二年〜十年もすればもとの腕輪が戻ってきます。こうして実質的に支払いの逆転が保証されるのです。あるいは、前へ前へと進んでいるかに見えるプロセスが実際にはもとへ戻る循環過程となるわけです。貨幣支払いとは対照的に、クラ交換では社会的時間の逆転つまり過去への遡及がいわば必須要素になっています。「貨幣は…、どれほど多くの具体的な所有対象と関係したかの由来証明をけっして身につけない」（ジンメル『貨幣の哲学（綜合編）』[54]訳一七三頁）のにたいして、クラにおいては「うやうやしく彼（原住民）はそれら（首飾りと腕輪）の名前を言い、いつだれがそれを身につけたか、どのように所有者が転々と変わってきたか、……などという歴史を語りたがる」（『西太平洋の遠洋航海者』[38] 訳一五四頁。〔　〕内は引用者による補足）のです。

クラとの対比は、貨幣支払いひいては市場経済システムの不可逆性や非周期性をいっそう鮮明にしてくれます。現代の市場では後ろをふりかえることはもはや許されず、ただ前進あるのみです。しかもその前進は一定速度ではなく、加速的とならざるをえません。なぜなら、市場経済には競争がつきものだからです。市場における競争では、「人々はなるほど競争相手のことを考えに入れはするが、しかし彼の方を向いて彼とコミュニケーションする動機はほとんど持っていない。……経済システムの感受性とその反応速度は非常に本質的なところで、〔市場交換が可能にする〕相互行為の節約にかかっている」（『社会の経済』[34] 訳九四―九五頁。〔　〕内は引用者による補足）のです。こうして売り手も買い手も義理人情に足を引っ張られることなく競って前へひた走ります。大型店の進出が郊外の景観を破壊しようと、回転率重視が書店の棚から良書を駆逐しようと、はたまたインターネット部品調達が下請け中小企業の職人技を廃れさせようと、次第に速度をあげていく彼らの目にはとまりません。なにしろ彼らには、記憶を消してくれる貨幣という強い味方がついているのですから。なにゆえに受け取られ、いかなる支払いにあてられようと、使途や由来の痕跡を残さない貨幣、この「臭いのない貨幣 *pecunia non olet*」（紀元一世紀のローマ皇帝ウェスパシアヌスの表現）に裏打ちされた支払いの不可逆性が、ひとびとを止むことなき前進に駆りたてているのです。

一方向の加速的前進は貨幣をメディアとする市場経済システムの宿命ともいえます。この前進運動が社会にもたらす利益は無視できませんが、最近では負の側面もあらわになってきており、それをP・カフカ（Peter Kafka, 1933-）は、論文「貨幣か生か——市場経済の資本主義からの解放」［21］のなかで「加速危機」と呼んでいます（この論文を紹介した拙稿に「市場の意味」［25］があります）。「加速危機」によって社会がどれほど損なわれるのか、現時点では予測がつきません。確かなことは、限りなく加速していく前進運動は市場経済の宿命ではあっても人間の宿命ではないということです。人間は歩調をゆるめたり、立ち止まったり、逆戻りしたりできるはずですから。

第6章　貨幣と言語

6―1　同型性への着目

貨幣と言語（ことば）はともにコミュニケーションのメディアであり、後者はコミュニケーション当事者の理解を助け、前者はコミュニケーションの成果をたしかなものにする、という点は**第1章**のはじめに例示とあわせて述べました。貨幣と言語は経済的なコミュニケーション、つまり取引にさいして互いに補完的なはたらきをするわけです。しかし貨幣と言語のあいだには、もうひとつこれとはまったく別の関係がみられます。このもうひとつの関係、貨幣と言語の「同型性」、が本章のテーマです。

ルーマンの『社会の経済』（[34]）第1章「価格」のなかに、価格と言語の親縁性にふれた箇所があります。すなわち、「人々は価格という言語にしばられているが、この言語は話しことばと同じくらいの融通性をもってはいない。この言語はまた、たとえば借金に支払うべき価格〔＝利息〕の形で、再帰的メカニズムを知っている。……ある言語にかんする問いはその言語でしか表現しえないという一般原則がここでもあてはまり、価格にかんする情報を得ようとする努力には金がかかり、価格データの集計値を得る努力となればますますそうである」（『社会の経済』[34] 訳二〇一二一頁。〔　〕内は引用者の補足）、と。価格は「支払われるべき貨幣量」にほかなりませんから、ここには貨幣と言語の類比（アナロジー）という視点があらわれています。

貨幣と言語の類比論は古くからあります。たとえばルーマンはロマン主義時代の思想家アダム・ミュラー（Adam Müller,1779–1829）の名をあげています（『社会の経済』[34] 訳二七三頁注(5)参照）し、経済学の領域ではマルクス（Karl Marx, 1818–1883）のそれがよく知られています。ちなみに、この本の**第3章**のはじめにとりあげた吉沢英成氏の『貨幣と象徴』（[60]）の第六章「貨幣と言語――その同型性」は、マルクスらの議論を相互に関連づけて検討したうえで、それらの議論を超える「シンボル体系」論の視点から、「全体を体現する中心」と「中心に意味づけられる部分」の二要素（二契機）をもつところに言語世界と財世界の同型性を見いだしています（**10―3**参照）。本章では同じテーマを吉沢氏とは異なった観点から論じていきますが、「貨幣と言語との関係はたんに部分的な表面的な類比論では跛行的な対応関係をもちこむだけで、貨幣にも言語象徴にも本質的に重要な規定をなんらもたらさないであろう。貨幣と言語との対応からそれをひきだす……ためには、類比を超えて、貨幣・商品世界と言語・象徴体系との構造的対比、それら構造間に同型性を相互に探りあてなければならない」（『貨幣と象徴』[60]一一二頁）という認識は吉沢氏と共有したいと考えます。

一方ルーマンは、『社会の経済』（[34]）にかんするかぎり、右に引用した箇所をのぞきどちらかといえば貨幣と言語の類比を横目で眺めて深入りしない姿勢をつらぬいています。ただ、あまり目立ちませんが見落とせない記述がその第9章にでてきます。それは社会心理学者フリッツ・ハイダー（Fritz Heider, 1896-1988）の論文 Ding und Medium, 1926（「事物と媒体」[16]）に着想を得たメディアと形態の区別にふれた部分です。すなわち、「〔メディアと形態の〕区別は要素の結合の仕方に関係している。ひとつのメディアはいくつかの形態を取り入れうる一方、ひとつの形態を刻み込めるのはひとつのメディアである。メディアは比較的ゆるい結合によって特徴づけられているのに対し、形態はリジッドな、またそのためにより強い、結合をつくり出す。……〔このばあい〕要素は波の形を与えられる水であっても、文章の形を与えられることばであっても…よい」（『社会の経済』[34]訳三一一頁。〔　〕内および傍点は引用者の補足）、と。「水」メディアにたいして「波」という形態、言語メディアにたいして文章という形態がそれぞれ例示され、そこから「では貨幣メディアにたいする形態は何か？」と問うていくわけです。以下ではこの「メディアと形態」という区別を糸口にして貨幣と言語の同型性を明らかにしようと思います。

6—2 メディアと形態

メディアと形態の区別をより明確にするため、前掲フリッツ・ハイダーの論文〔16〕で知覚メディアの典型例とされた空気と光をとりあげましょう。時計のチクタク鳴る音は空気の振動として耳に伝わりますし、ベランダに咲く花の像は光の束として目に映ります。そのさい通常ひとびとは空気を聞いたり光を見ているとはいわず、チクタクの音を聞き花を見ているというでしょう。このチクタク音特有の振動を生み出すべく結び合わされた空気や、花の像をあたえるべく束ねられた光が、それぞれメディアとしての空気や光のひとつの形態なのです。空気そのものは時計の音だけでなくほかにもさまざまな音を伝えますし、光もさまざまな物体の像を映しますから、空気メディアや光メディアのとりうる形態は多様です。逆に多様な形態をとりうるためには、各メディアが多量に存在し自由に動けることが必要です。たとえば、光がほんのわずかしかなく、さす方向も固定されているとすれば、それがうかびあがらせる像、つまり形態はごく限られたものにならざるをえないでしょう。

6—1にでてきた水と波のケースも含めて、この段階でメディアと形態の関係を眺めてみると次のようなことがわかります。すなわち、もともとは自由に動けるあるいはゆるく結びついたメディア（水や空気や光）が形態として強く結びつくのは、「自らをメディアに刻印するリジッドな構造を通じてだ」（『社会の経済』［34］訳三一四頁）ということです。光が像をうかびあがらせるのはそこになんらかの物体があるからですし、いろいろな音が聞こえるのは時計の作動やピアノの演奏といった音源があるからです。水に波という形態を刻印するのは、万有引力であったり、投げられた小石であったり、泳ぐ魚や水鳥であったりしますが、これらはすべて、光のばあいの物体や空気のばあいの音源とともに「リジッドな構造」の例にほかなりません。

知覚メディアにかんして以上の点を確認したうえで、貨幣と言語に目を転じましょう。右の知覚メディアがいわば「自然メディア」であるのにたいして、貨幣と言語は社会・文化的進化の過程で生みだされた「人工メディア」です。水や空気や光はもともと自然界に多量に存在し自由に動けるがゆえに多様な形態をとりうるのですが、人工メディアのばあいには量と自由度は社会・文化的に必要とされる形態の多様性にあわせて人為的に決まります。たとえばメディアの量にかんしては、外国から流入した文物をあらわすためにあたらしい語が生まれたり、経済活動の規模に応じて貨幣量が調節されたりします。またメディアの自由度にかんしては、文法の成立や貨幣の象徴的一般化が決定的な役割を果たします。では、貨幣と言語このふたつのメディアの形態とは何でしょうか。またそれぞれについて、何がメディアにみずからを刻印する「リジッドな構造」となっているのでしょうか。

言語のばあい「語」がメディア、「文」が形態であることは**6—1**での『社会の経済』［34］からの引用にうかがえます。しかし「文」あるいは「文章」というと、主語と述語があってうんぬんなどとせまくとられるおそれがあります。ここで肝心なのは、そのときどきに何かをことばであらわしたその表現（言語学でいう言parole ないし言表）なのです。それゆえ、言語メディアの形態は「文である」というかわりに、「何かの言語表現＝言表である」ということにしましょう。このとき、形態を通じてメディアにみずからを刻印する「リジッドな構造」は「表現される何か」です。しかし、「表現される何か」には直接の表現対象以外にさまざまなものが含まれます。あるひとが野に咲く花を見て「おお、なんと可憐な花よ！」といったとすれば、その言表には当の花のほかに発話者の性格とか状況なども刻印されていると考えるべきでしょう。同じ花を見ても、別のひとなら、あるいは別の状況なら、違った表現になりうるからです。ひとつの形態（いまのばあいひとつの言表）のなかには層状に重なりあったいくつもの構造が刻印されうるのです。

一方貨幣メディアについては、『社会の経済』［34］とくに第9章「メディアと組織」を読むかぎり、ルーマンは新車購入とか製鋼所への設備投資といった具体的な支出（＝支払われる価格）を「形態」と考えているようです。新車の価格が八〇万円であれば、代金支払いのために束ねられた八〇万円が貨幣のひとつの形態だというわけです。このとき何が「リジッドな構造」になっているのでしょうか。購入された新車や投資された設備は言語のばあいの直接の表現対象（先の例では花）に相当しますから、これらはもっとも内側の構造といえるでしょう。そして、ルーマンによればその外側に少なくともふたつの構造が重なっています。すなわち、支出のプログラム（投資・消費のプログラムと予算）と、それを作成し実行する組織（企業・家計・行政組織等々）の二層です（『社会の経済』［34］訳二

表2　貨幣と言語の同型性（1）

メディア	形　態	主な構造例	使用による消滅	使用経過からの拘束
貨　幣	支　出	支出対象，支出プログラム，組織	な　し	な　し
語	言　表	表現対象，発話者，状況	な　し	な　し

五一―二五二頁）。新車に八〇万円を支出するばあい、家計にとっての新車の必要度、ほかの支出項目と比べた緊急性、資金調達の可能性などを考慮した支出計画（プログラム）があらかじめ立てられるのがふつうであり、あとさきも見ず衝動的に買うなどということはまずないでしょう。ではどんな支出プログラムが立てられるかとなると、そこに各家計の特性なり状況が反映すると考えてまちがいないでしょう。企業の投資についても同様に、組織（たとえば製鋼所）➡プログラム（＝投資計画）➡具体的投資対象（たとえば電気炉１基）という少なくとも三層がそれぞれ構造として貨幣メディアにみずからを刻印するさまを看取できます。

「メディアと形態」にかかわるなかで、すでにことば（語）と貨幣の同型性がかなり見えてきていますが、さらに検討をつづけましょう。右の「おお、なんと可憐な花よ！」という言表、すなわち「形態」に結び合わされた「おお」「なんと」「可憐な」「花」「よ」の各語は、誰がどこで「おお、なんと可憐な花よ！」と言おうと、別の文脈で自由に使えます。語を「形態」に結び合わせることを「語の使用」と呼ぶなら、「語の使用は先行および後続の使用（＝形態）に拘束されず、また使用によって語が消滅することはない」のです。これはメディアに共通する特性であり、貨幣のばあいにもたしかめられます。「支払いは、支払われる貨幣がどのようにして取得されたのか、そのあと貨幣が何に使われるのか、には左右されず、……貨幣を時の経過ないし使用経過あるいは流通過程を通じて追跡確認する義務はない」（『社会の経済』[34] 訳三一三頁・三一五頁）ので、たとえば新車の代金として束ねられ（結び合わされ）ディーラーに支払われた八〇万円は、必要ならば一円単位にまでバラされ（＝結合解除され）、ディーラーの自由な使用にゆだねられます。もちろん、支払い（＝貨幣の使用）によって貨幣は持ち手を変えるだけで、消滅することはありません。

6―2全体を通じて確認された貨幣と言語の同型性をとりあえず**表2**のようにまとめておきます。

6―3　一般化における同型性

6―2では貨幣と言語の同型性を探る糸口としてメディア／形態の区別に着目し、右の**表2**のような対応を見いだしました。一方、視点を**第2章**で論じたメディアの「一般化」に転じると、そこでも貨幣と言語のさまざまな対応関係が確認されます。メディアの一般化は、時間・事象・社会の三次元それぞれにおける差異の克服を意味し、ひとくちでいえばメディアがいつでも、どんな対象にも、誰にでも使えることです。貨幣メディアのばあい、それが価値保蔵手段（時間次元）、価値尺度（事象次元）および一般的交換手段（社会的次元）として機能するかぎり、一般化しているといえます。では言語についても同様に三つの次元における一般化が観察されるのでしょうか。

(a)　**時間的一般化**

まず、貨幣にふつう通用期限がないのと同じく、ことば（語）にも前もって定められた使用期限はありません。その意味でことばはいつでも使える「時間的に一般化したメディア」です。ただし、一般化を崩す特異なケースを忘れてはならないでしょう。そのひとつは、日本がかつての植民地でおこなったように、あるいはドーデー（Alphonse Daudet, 1840-1897）の『最後の授業』［9］にえがかれたように、ある言語の使用が禁止または制限されるケースであり、貨幣のばあいでいえば支配者交代や最近では欧州通貨統合などによる旧通貨の無効化がこれに対応しています。もうひとつは言語の進化にともなうものです。ことばが時代とともに変化することはよく知られていますが、そうした変化のなかで古いことばが次第に使われなくなり、ついには死語となることも珍しくありません。そのさい、解読を必要とする古代言語（たとえばヒッタイト語）から束の間の流行語まで、変化の時間幅は長短さまざまです。貨幣についても、原始貨幣（家畜・米・布・帛・石・貝など）から電子マネーにいたるまでの進化、そして捕虜収容所における束の間の貨幣としてのタバコ（くわしくは、R・A・ラドフォードの論文「ある捕虜収容所の経済組織」［48］を参照してください）と、明確に対応する現象が見つかります。

こうした歴史的変遷あるいは局所的事例にもかかわらず、こんにちではことばにかんしても貨幣にかんしても、「いつでも使える」という期待が大きくゆらぐことはありません。この期待に支えられて、いいかえると時間的な一般化に裏打ちされて、貨幣や言語は価値保蔵の手段となります。人間の記憶が完全であればメディアの価値保蔵機能にとって時間的一般化は必要十分条件です。しかし、いうまでもなく人間の記憶能力には限界があります。そこでこの点を補う工夫としてメディアはしばしば物のかたちをあたえられます。すなわち、貨幣は鋳貨や紙幣や帳簿貨幣のかたちを、ことばは文書や録音物などのかたちをそれぞれとることによって、もっぱら人間の記憶に頼るばあいと比べ、より確実な価値保蔵手段となるのです。メディアの物化においても、貨幣と言語は同型性を示しているといえるでしょう。

(b) 事象的一般化

貨幣の事象的一般化は貨幣の価値尺度機能に対応しており、同一種類の財にかんして（水平面）、また異なる種類の財のあいだ（垂直面）で、貨幣評価つまり価格づけがどの程度ゆきわたったかをあらわすものです。いま、あるひとつの財に貨幣額表示の価格がつけられたとき、それと同じ財のすべてに同じ価格がつけられるならば、貨幣はその財にかんして価値尺度となり、その財の取引はもっぱら貨幣を仲立ちとしておこなわれるようになります。これはいわば水平面での事象的一般化ですが、言語のばあいに翻訳するとどうなるのでしょうか。

翻訳のポイントは、「財」と「価格」に相当する概念を言語について探しだすことです。財は、**6―2**で「メディアにみずからを刻印するリジッドな構造」とされた「支出対象」の主要な部分を占めていますが、言語で「支出対象」にあたるものは「表現対象」でした。私は「表現対象」の主要な部分を占め、貨幣のばあいの「財」に対応する概念は「意味」であると考えます。「意味」ということばの定義はオグデンとリチャーズ（Charles Kay Ogden,1889-1957 & Ivor Armstrong Richards, 1893-1979）の『意味の意味』［45］によれば代表的なものだけでも一六種あり、マルティネ（André Martinet, 1908-1999）編著の『言語学事典』［39］にも意味1から意味7までが区別されているなど、深入りするとでられなくなりそうです。私の提案はオグデンとリチャーズの考え方を簡略化したとされるウルマン（Stephen Ullmann, 1914-1976）の意味図式に結果的にほぼ沿うものとなっていて、けっして突飛な思いつきというわけではありません（くわしくは『意味の意味』［45］第1章・第9章および、『言語学事典』［39］第1章を参照してください）。一方、価格は「財にたいして支払われるべき貨幣量」ですが、言語のばあいなら「意味にたいしてあてられるべき語ないし語の配列」つまり意味の言語表現がそれに相当するでしょう。ただ、「意味の言語表現」といったのでは**6—2**で言語メディアの形態を「何かの言語表現＝言表」であるとしたのとまぎらわしくなります。言表はそのときどきに各人がなす個人的発話（言語学でいうパロール parole）をさすのにたいして、「意味の言語表現」は発話の個別的状況とは独立に発話に先だって存在する表現の範例（言語学でいうラング langue に対応するもの）なのです。ここでは「意味の言語表現」のかわりに、少し堅い用語ですが「定義」と呼びましょう。「財」を「意味」、「価格」を「定義」とそれぞれ翻訳しましたが、問題は貨幣にみられた「価値尺度化」がこうした概念の翻訳をへて言語のばあいにもたしかめられるかどうかです。

いま、ある種の動物が「白い馬」と呼ばれたとしましょう。このとき形容詞「白い」のうしろに名詞「馬」を置く語の配列は、この動物の意味（＝この動物の観念）の定義です。そのさい、この動物と同種の（と観念された）動物のすべてが「白い馬」と呼ばれるなら、ことばは当の意味＝観念にかんして価値尺度の地位を獲得したといえるでしょう。これにたいして、たとえばある人物を評するのにいろいろないいかたができるが、どれもピッタリとはいかないなどというケースでは、ことばがいまだ価値尺度化していないと考えられます。

同一財には同一価格がつけられ、同一意味（観念）には同一定義があてられるとき、貨幣も言語も水平面で事象的に一般化したといえます。ただし、「白い馬」・「白馬」・「白き馬」のように同一定義でもヴァリエーション（いいかえ）はありえます。これは貨幣のばあいの「両替」に相当するでしょう。一万円札を五千円札二枚あるいは千円札十枚に両替しても同じ一万円という値段を支払えるからです。しかし、貨幣と言語の並行関係は完全ではありません。一〇〇円ショップを見てもわかるように、異なる財に同じ価格がつくケースはいくらでもありますが、同一定義が異なる意味を表現するケースがあったとすれば、それは定義としては不適切なのです。この違いは心にとどめておく必要があるでしょう。

一方、貨幣額表示の価格をもつ財の範囲が拡大したり、語によって表現（定義）される意味（観念）の範囲が広がることは、垂直面での事象的一般化です。貨幣のばあい、水平面・垂直面をあわせて事象的一般化が悪魔的な影響を及ぼすことはすでに**2―2**で指摘しましたが、言語のばあいにはとくに垂直面での事象的一般化が悪魔性を秘めているといえそうです。すべてがことばであらわされ「筆舌に尽くしがたいもの」や「えもいわれぬもの」がなくなってしまった世界は、あらゆるものごとに値段のついた世界と同様、ひとびとの生を干からびさせるにちがいありません。

(c) 社会的一般化

貨幣が誰にでも交換・支払い手段として使えること、これが貨幣の社会的一般化でした。ことばもまた、誰にでも意思伝達の手段として使えますから、社会的に一般化しているといえるでしょう。ただここで、「誰にでも」を無制限にどんな人間（ないし団体）でもよいと解してはなりません。当然のことながら、「コミュニケーションにさいして各メディア固有の一定の作法（マナー）ないし規範を守るかぎりで」という条件がついています。この、メディア固有の作法・規範にかんして貨幣と言語のコントラストが鮮明になります。すなわち、貨幣を用いるコミュニケーション、つまり売買では「相手を区別しない」ことが求められるのにたいして、ことばによるコミュニケーションではむしろ「相手を区別すべき」とされるのです。くわしくいいますと、売買においては当事者が互いに相手との個別・人格的関係から独立した、（たんにある財の買い手または売り手であるという）普遍的な側面、しかも相手の属性・資質ではなく、（何をいくらでどれだけ買うまたは売るかという）その業績ないし遂行に着目し、相手への関心を（財の取引に）限定して感情中立的にふるまうことが原則になっています。この原則に反して、たとえば顔見知りの客にしか売らないなどというやり方が広まるなら、経済システムの作動はギクシャクしたものにならざるをえないでしょう。これにたいして言語をメディアとするコミュニケーションにおいては、当事者のふるまい方に制約はなく、相手にたいして感情的、無限定的にふるまってもよいし、相手の資質、自分にとっての個別的関係を問題にしてもよいが、そのかわり相手と状況に応じた適切なことばづかいをすることがコミュニケーション成立の鍵となるのです。文法にしたがうのはもちろんですが、とくに日本語のばあい敬語をはじめとすることばづかいの細かい約束事にも注意を払う必要があります。採用時の面接、冠婚葬祭の挨拶、（いわゆる「メイル」をのぞく）各種の手紙、公式文書、学術論文などなど、作法や規範をふまえないとコミュニケーションに失敗し、少なからぬ痛手を負ってしまいます。書店の棚に面接やスピーチにかんするハウ・ツーもの、手紙や論文の書き方を説くマニュアル類が並ぶゆえんです。

貨幣も言語も社会的に一般化したメディアとなっているが、一般化の前提として守るべき作法・規範において両メディアは対照的であるということを確認しました。最後に、メディアの社会的一般化に関連して貨幣と言語が示す興味深い同型性にふれておきましょう。ひとつは、同種メディアの複数併存です。日本で江戸時代に全国的な幕府貨幣と地方的な領国貨幣ないし藩札が同時並行的に流通していたことはよく知られていますが、こうした複数通貨の併存に対応する言語領域の現象は標準語と方言の並行使用でしょう。藩札が藩内でしか通用しなかったように、方言も往々にしてその地方の人以外にはわかりにくく、このためもあって地方通貨と方言はともに衰退の道をたどるケースが多いようです。もうひとつは、同種メディア間での変換です。一（国）通貨の他（国）通貨への両替が、一言語の他言語への翻訳に対応していることはすぐわかります。そのさい為替相場が購買力を正確に反映していないのと同様に、翻訳も意味の正確な移しかえができるとは限りませ

表3　貨幣と言語の同型性（2）

メディア	メディアの物化した形	ローカル・メディア	相互変換	主要なコミュニケーション対象	対象のメディア当量
貨　幣	紙幣・鋳貨等	地方通貨	両　替	財	価　格
語	文書・録音物等	方　言	翻　訳	意　味	定　義

ん。変換にともなうこうした難点を回避すべく、貨幣の領域でも言語の領域でも、既存の流通圏を超えたより広域の普及をめざす統一メディアが考案されます（たとえばユーロやエスペラント）。しかし、あらたにつくられた統一メディアはその目的や理想を達成するのがかならずしも容易ではありません。エスペラントが英語にとってかわる国際語になると信じる人はいまのところごく少数でしょうし、慎重な準備をへて導入されたユーロの前途でさえまだたしかとはいえません。貨幣や言語の社会的一般化がハイエク（Friedrich August von Hayek, 1899-1992）の用語でいう「自生的秩序」（spontaneous order）に属するとすれば、あらたに「つくられた」（made）メディアが容易に普及しないのもうなずけるところです（「自生的秩序」と「つくられた秩序」についてはハイエクの『法と立法と自由I』[14] 訳四八―七二頁を参照してください）。

「メディアの一般化」という視点から貨幣と言語の同型性を時間・事象・社会の各次元についてたしかめる作業がおわりました。ここで明らかになった対応関係は**表3**のようにまとめられます。

＊

貨幣と言語の同型性の検討はもちろん以上に尽きるものではありません。究極の目標である貨幣の世界と言語の世界の構造的同型性の証明にはほど遠いといったほうがよいでしょう。しかし、議論をこの先さらに進めるには言語、とくに「意味」にかんするより立ち入った考察が避けられません。しかも、「意味」といえばルーマンも独自の議論を展開していますから、それとの突きあわせが加わります。そうなると、「貨幣を題材としてルーマン理論の入り口にひとびとを誘いこむ」という本書の主旨をはるかに超えてしまうことになりますので、ひとまず**表3**および**6―2**の**表2**の確認にとどめることにします（私は高橋徹氏の『意味の歴史社会学――ルーマンの近代ゼマンティク論』［58］を読んで、いままで敬遠していたルーマンの「意味」論＝ゼマンティク論の面白さ・重要性に気づかされたのですが、これを含め別の機会にいずれ本章の「続編」を書きたいと思っています）。

第7章　貨幣と労働

7―1　ルーマンによる労働の「黒衣」化

ルーマンは、スミス（Adam Smith, 1723-1790）からマルクスにいたる古典的政治経済学が労働という要素あるいは資本／労働の二項対立に基底的な意義を認めていたのにたいし、機能的に分化した現代社会では貨幣というコミュニケーション・メディアこそが経済と全体社会の関係を「よりよく」理解するための鍵を握っており、「システムの基本作動である支払い〔＝貨幣をメディアとするコミュニケーション〕に依拠した経済の理解では、経済理論の基礎概念としてふつう用いられているもの――たとえば、生産、交換、分配、資本、労働――をすべて派生的な事柄として扱える」（『社会の経済』[34] 訳四三頁。〔　〕内は引用者の補足）と考えます。

第2章で希少性を論じたとき、財の希少性に起因する暴力的占取行動は貨幣の登場によって抑止されるが、これは希少性の問題の根本解決ではないといいました。じっさい、貨幣などなくとも働いて希少な財を自分でつくればそれこそが問題の直接的な解決になります。しかし、こんにち必要な財をすべて自給自足できるひとなどいるでしょうか。分業と、それを可能にする交換手段としての貨幣、このふたつは現代社会にとってもはやなくてはならぬものとなっています。こうして希少性問題のいわば調停役である貨幣が表舞台に登場し、労働は陰に隠れる格好となります。とはいえ分業社会では他者の生産物なしには暮らしていけず、それを平和的に手に入れるにはみずからが働いて貨幣をかせがねばなりません。労働は依然として希少性問題の究極的な答えでありつづけるのです。ルーマンはこの事態をさして「労働は〔経済システムから〕排除されつつも包摂されている第三者〔舞台でいえば黒衣役〕である」（『社会の経済』[34] 訳二〇八頁。〔　〕内は引用者の補足）と表現しています。

この**第7章**では、いささか逆説的に聞こえるかもしれませんが、ルーマンによって経済システムの主役の座から降ろされた労働に、あらためてルーマンのシステム論の視点から光をあててみたいと思います。労働は経済システムの主役を降りることで、かえって経済に伍する独立の領域としてシステム論的分析の対象になりうるのです。結論をさきどりすれば、労働は固有のオートポイエシスをともなって全体社会の機能的部分システムのひとつをかたちづくるのです。こうした着想はルーマンにはみられませんので（彼自身は残念ながら『社会の労働』*Die Arbeit der Gesellschaft* という書物を著すことなく亡くなりました)、以下の議論は私にとってかなりの冒険を意味しますが、労働をまずは経済ないし貨幣と独立にあつかうことが現代(市場)社会における労働の意味理解を助け、ひいてはルーマンが『社会の経済』〔34〕の第5章全体と第6章第6節をついやして展開した「労働の歴史的意味論」の主旨に合致するのではないか、と(ひそかに)期待しています。

7―2　コミュニケーション・メディアとしての労働

以下では、労働が経済システムの「黒衣」などではなく、経済システムと並び立つ全体社会の機能的部分システム(労働システム)を形成することを明らかにしていきます。そのさい、労働自体をコミュニケーション・メディアととらえるところから話がスタートします。はたして労働は貨幣や言語と同様にメディアとしての性質を備えているのでしょうか。この点をまず**第6章**のメディアと形態にかんする議論に沿って、言語との対比で確認してみましょう。

言語メディアの実体は多数の互いに異なる「語」でしたが、労働という名前で抽象化されたものの実体も多種類の互いに異なる「作業」(operation)といえます。たとえば田植えであったり機械の操作であったり書類の作成であったり、作業の内容を分けていくときりがないほどです。言語のばあい、メディアにたいする「形態」は「何かの言語表現＝言表」であり、たとえば文章がそれにあたります。文章は語の組み合わせによって何かをあらわしたものです。同様に労働をメディアとみれば、その形態は「作業の組み合わせによって何かをあらわしたもの」となります。これを「仕事」と呼びましょう。「仕事」に対応する英語はworkであり、ドイツ語はArbeitですが、workもArbeitも一方で「作業」を意味するとともに、他方でできあがった「作品」をも意味します。日本語の「仕事」も、休憩を終えて「さあ仕事にかかるか」というときは「作業」を、骨董品を鑑定して「いい仕事してますね」というときは「作品」に結実した作業の組み合わせをそれぞれ意味するとみてよいでしょう。ここでは作業は作業と呼んで、「仕事」は後者の意味でのみ用いることにします。

「労働はメディアであり、その形態は仕事である」ととりあえず考えたとき、メディアと形態の議論にでてきた「形態を通じてメディアにみずからを刻印するリジッドな構造」は何になるのでしょうか。言語のばあい直接の表現対象（たとえば眼前の花）に加えて発話者の性格や状況などがあげられていました。それにならえば、労働のばあい労働対象（たとえば耕すべき田畑や彫るべき石や操作すべき機械）、労働手段（たとえば農器具や鑿《のみ》やハンドル）、働く者の抱く「作品」のイメージ（何をつくろうとしているのか）と彼（女）らの技能、などが「リジッドな構造」になるでしょう。ちなみに、労働対象と労働手段の区別がつけにくいケースもありますが、当面の話の筋には関係しませんので不問とします。それよりもここで問題となるのは、何をもって「作品」とみなすのかです。石工がひとりで碑を彫りあげたとき、彼もまわりの者（観察者）もその碑を彼の仕事＝作品とみるでしょう。農家が田畑を耕して米や野菜を収穫すれば、その米や野菜は農作業に従事したひとびとの汗の結晶であり、彼らの「作品」にほかなりません。電車を定刻にホームの停止位置にピタリと止めた運転士もまた無形の「作品」の製作者といえるでしょう（乱暴な運転なら「ひどい作品」ということになります）。では、流れ作業の工場で働くひとたちにとって、何が彼（女）らの作品となるのでしょうか。観察者の視点からはその工場でつくられた乗用車なりパンなりを流れ作業全体としての作品とみることができます。しかし、どんなクルマやパンをつくるかをみずから考えるのではなく、ただ断片的な作業に従事しているだけの個々の働き手にとって、できあがったクルマやパンに「自分の作品」というイメージはもちにくいでしょう。もちろん、流れ作業がすべてそうであるわけではありません。たとえば、農村婦人会のメンバーが公民館の調理室でみずから考案した弁当を流れ作業でつくるばあい、おそらくメンバーみんなにとってその弁当は自分たちの作品でしょう（越後湯沢駅の駅弁「頚城の押し寿司」は実例のひとつです）。それゆえ一般的な傾向として、生産規模が大きくなり分業が深化すればするほど、最終的にできあがった生産物は個々の働き手にとってよそよそしいものになる、といえそうです（「よそよそしい」のかわりに「疎外された」といっても同じことです）。けれどもこのことから、大規模分業生産体制のもとでは個々の働き手は作品のイメージなしに働かざるをえなくなると速断してはなりません。おおくの働き手は作品のイメージを失うのではなく、「作品」のイメージを変更する、あるいは「作品」を定義し直すことで事態に対処していると思われます。この点を少しくわしくみてみましょう。

「作品」のイメージ・チェンジないし再定義には大きくふたとおりのやり方があります。ひとつは

「作品の微視（ミクロ）化」とでも呼べるものです。すなわち最終製品まるごとはもはや自分の作品とはみなしがたいので、たとえば流れ作業の分担箇所に独自の工夫をこらしてよりスムーズに作業をこなすようにするその作業ぶりを「作品」とみなすといったやり方です。このような再定義によっていわゆる「現場の知識」が深まり、全体としての生産能率が向上する可能性は無視できません。もうひとつの再定義は「作品の金銭化」と呼んでおきましょう。つくられるモノではなく、作業にたいして支払われる報酬を「作品」の代用物とみなすのです。報酬が大きいほど「いい作品」をつくったととりあえず考えるわけです。先の例で作業をスムーズにこなす工夫が報酬の増加となってあらわれたとき、当のこまかい作業自体を作品とみなすのは無理としても、報酬を作品とみなすことにすれば自分にとってわかりやすく納得がいくかもしれません。この「作品の金銭化」もまた支払い側の対応次第で全体としての生産能率を向上させる力になりえます。さらにつけ加えるなら、「作品の金銭化」は分業体制下で断片的な作業にたずさわらざるをえない働き手のみならず、本来なら最終的にできあがった生産物を自分の作品と認識できるような作業に従事している働き手のばあいにも起こりえます。後者のケースにおいて「作品の金銭化」が生産効率や作品の質の向上にプラスに作用するかマイナスに作用するかは一概に断定できません。金銭化が質の低下につながる事例もたしかにありそうですが、だからといって金銭化＝堕落と決めつけるのは一面的だとのそしりを免れないでしょう。

「メディアと形態」の文脈でもう一点確認が必要なのは、「メディアの使用は先行および後続の使用に拘束されず、また使用によってメディアは消滅しない」という性質（貨幣と言語についてはすでに**6―2**でたしかめました）が労働についてもあてはまるのかどうかです。「メディアの使用」とは**第6章**で定義したようにメディアを形態に結び合わせることですから、いまのばあい「作業」を「仕事」に組みこむこととなります。ここで注意していただきたいのですが、「メディアの使用」を個々の「使用者」のレベルでとらえると話が誤った方向にいってしまいます。貨幣でも言語でも、それを用いる個々の人間ないし組織の視点からは「拘束」や「消滅」はおおいにありうるのです。支払う個人からすれば貨幣はとりあえず消滅せざるをえませんし、ことばの使い方には個人個人でくせがあり、各人のことばづかいは先行のそれに大なり小なり拘束されるといえるでしょう。同様に、個々の働き手にとっては「作業」をつづければエネルギーを消耗し作業能力を次第に失っていくでしょうし、同じネジを締める作業でもオートバイの組立ラインから楽器工場に移ったら、当初は前の現場のくせが抜けずにとまどうかもしれません。このことを、作業が一定の仕事ないし職場に組みこまれることによって「特異性（idiosyncrasy）をもつようになる」といいます（くわしくはO・E・ウィリアムソンの『市場と企業組織』[59]第4章を参照してください）。それゆえ、メディア使用の非拘束やメディアの非消滅をいうときには、おのおののメディアを用いるシステム全体の視点に立つことが肝心です。労働ないし「作業」というメディアを用いる全体社会の機能的部分システムを「労働システム」と呼ぶことにすれば、この労働システムの視点からは「作業」は言語メディア、つまり「語」と同じく「使用者」にまつわる特異性を取り去った一般的なカテゴリーととらえられます。

たとえば「ドライバーでネジを締める作業」という一般的な作業カテゴリーがあって、それぞれの作業者はそれぞれのやり方で実際の現場にあわせて（つまり一般的なカテゴリーに特異性をもたせて）ネジを締める、と考えるのです。このように考えれば、誰がどこでネジ締め作業をしようとも他の者がよそでおこなうネジ締め作業を拘束することにはなりません。また、貨幣のばあいの「誰かの支払い＝他の者の受け取り」という関係ほど直接的・即時的ではないにせよ、労働のばあいも誰かの労働の成果が直接・間接に当人または他の者の労働力の再生産に寄与するかぎりで、システム全体としては一方における労働メディアの使用と他方における労働メディアの再生産が同時並行的になされ、メディアは消滅せずにすみます。局所的・一時的には、あまりにもおおくのひとが武器の生産にたずさわっているため労働メディアの再生産がままならず、メディアの滅失をまねくといったケースはありえますが、「農業以前の採集社会においても、生存に必要な物資を含めさまざまな欲求を満たすのに一般にきわめて短い労働時間しか費やしていない」こと、また「ほとんどの未開社会で、人間の労働の多くの部分が生存目的には直接かかわらない儀式的活動のために割かれていた」ことを考えると（引用は杉村芳美氏の『脱近代の労働観』[57]七九頁より）、誰かの作業の実行（＝労働メディアの使用）が労働システム全体としてのメディアの滅失に直結するような事態はシステムが円滑に作動しているかぎり起こらないとみてよいでしょう。

以上の検討の結果、労働は言語や貨幣と同じようにメディアとしての一般的な性質を備えていることがたしかめられました。そこでさらに進んで、労働をメディアとするコミュニケーションのシステムすなわち労働システムを構想してみましょう。

7—3　労働システムのオートポイエシス

貨幣をメディアとする経済システムは、支払いが支払いをつぎつぎと生みだすオートポイエティック・システムでした（1—3参照）。では労働をメディアとするシステムにおいて経済の支払いにあたる基本作動は何でしょうか。支払いは貨幣の使用ですから、労働メディアの使用つまり作業実行(operation)を労働システムの基本作動とみるのが自然でしょう。とすれば、支払いが支払いを生むように、作業実行も作業実行をつぎつぎと生むのでしょうか。工場内の分業とくに流れ作業はたしかにこのイメージにぴったりあてはまりますが、（自給自足でない）分業社会全体のレベルでも作業実行が連鎖的に作業実行を生みだしているといえるのです。このことを確認するために、まず「分業」ということばの意味をしっかり押さえておく必要があります。

現代社会における労働の意味を考察するなかで、杉村芳美氏は分業の概念を社会の機能的分化とは区別されもっぱら人間労働にかんして用いられるものとしたうえで、「分業現象の一般的規定としては、各人の労働の分野が分割され限定されていることという以外にはない」と考えます。そのさい注意すべきは、「労働が分割され限定されるのであるから、各人は自分自身の労働だけでは自らの必要を充足することはでき」ず、「分業は個々の労働のあいだの相互依存の関係を必然的につくりだす」という点です。分業は労働を分離すると同時に結合するわけです。このように「人間どうしを相互に結びつかせずにはおかない、人間を〔孤立した存在ではなく〕社会的にしないではおかないという意味で、分業は社会の維持・存続に作用するコミュニケーションのシステムである」といえます（「　」内引用は『脱近代の労働観』[57] 九二頁より。〔　〕内および傍点は引用者の補足）。杉村氏は分業をはじめから市場（貨幣）経済あるいは資本・労働関係と結びつけるのではなく、むしろ「どのような社会にも普遍的に見いだされる現象」（前掲 [57] 九三頁）としていわば「しがらみ」のない姿でとらえていますが、この視点こそ分業のシステム論的理解にとって求められるものなのです。じっさい、「分業はそれ自体一個の社会システムをなして」おり、そこでの「労働概念はきわめて広く受けとめられ……、労働は物質的代謝を直接的に担う生産的活動に限定されない」（前掲 [57] 一一六頁）、あるいは「分業は……人間の根源的なコミュニケーション・システムの一つとして社会の存立にかかわっており、また他のさまざまなコミュニケーション・システムと結合して社会を制度化する」（前掲 [57] 一三七頁）といった記述は、すでにシステム論そのものです。ここでは杉村氏の考え方をさらにおし進めて、分業は労働をメディアとするコミュニケーションのシステムであり、他の機能的部分システムと並んでオートポイエティック・システムとして全体社会から分化している、ととらえることにします。ただ、「分業システム」ということばをわれわれのように広い意味で使うのは一般的とはいいがたいので、誤解を防ぐために「労働システム」と呼びます。

社会の労働は分割され限定されているがゆえに再結合を不可避とし、部分的な労働、つまり作業実行は別の部分労働＝作業実行につぎつぎと接続せざるをえません。ミクロ的には（たとえば工場の閉鎖によって）接続が終了するケースはありえますが、それは経済システムの支払い作動についてもいえることで、肝心なのは社会全体としてマクロ的に見たとき、いたるところで作業実行が作業実行に接続する膨大なネットワークが動いているという点です。これこそが（経済システムのそれに比すべき）労働システムのオートポイエシスなのです。しかもここでいう「作業実行」は経済的な生産活動におけるものに限られません。祭りやスポーツから学問研究にいたるまで、経済的な生産に直結しない労働分野でも作業実行が連鎖的に作業実行を生みだす様子がみてとれます。もっとも、職業としての学問やプロ・スポーツ、そして神輿かつぎのアルバイト（！）にいたるまで、労働の金銭化もまた止めがたい事実のようです。労働や分業を貨幣経済とは独立のシステムと見る視点は、こうした事実をかたよりなく分析するためにも必要なのです。

7—4　労働メディアの一般化

7—3までの議論で、「労働システム（分業システム）はそれ自体がオートポイエティックに作動する全体社会の機能的部分システムとして経済システムと並立する」という主張のたしからしさがかなり示せたと思いますが、ここでは労働システムと経済システムの対比をとおしてこの主張の信憑性をもう一段高めましょう。

経済システム固有のメディアである貨幣は時間次元・事象次元・社会的次元の三次元で一般化していましたが、労働というメディアについてはどうでしょうか。労働はコミュニケーション当事者にとっていつでも（時間的一般化）、どんな対象にも（事象的一般化）、誰にでも（社会的一般化）使えるメディアとなっているのでしょうか。貨幣と言語を対比した**6―3**にならって検討していくことにします。

⒜　時間的一般化

貨幣をもっているかぎり、いつでも支払いすなわち経済的コミュニケーションに使うことができます。では、働く能力をもっているかぎり、いつでも社会の分業（＝コミュニケーションのシステム）に参加できるでしょうか。ここでは労働を生産的活動、ましてや有償労働に限定していませんから、無償のボランティア活動や草野球チームといったケースを思い浮かべると答えは肯定的になりそうです。しかし問題は、各人がもっている（あるいは用いる）メディアが社会的な信認を受けているかどうかです。貨幣のばあい、**1―3**でふれたように「貨幣にたいする信頼が貨幣にたいする信頼を生む」という自己準拠性が外部の要因（たとえば国家存亡の危機）によって崩れる可能性がなくはないものの、円やドルやユーロといった通貨がそれぞれの国や国の連合体の内部で得ている広範囲の信認が近い将来に失われるとは目下のところ考えられていません。言語メディア、つまり「語」のばあいは、標準語から方言や隠語・ジャーゴン、はては完全な私的言語にいたるまで信認の範囲は語によってさまざまであり、しかも新語と廃語のように時とともに信認が移ろいます。

労働メディア、つまり「作業」も言語メディアと似た状況にありますが、とくにめまぐるしい技術変化に押されて社会的信認の遷移は言語以上に顕著です。機械化によって手作業が不要になる事例は製造現場のみならず、オフィスの事務作業や管理業務にまでおよんでおり、作業の陳腐化（＝社会的信認の喪失）は加速しています。ある作業能力によっていったんは社会の分業システムに参加できたとしても、当の作業能力が将来の任意の時点における分業への参加を可能にする見込みはかつてほど大きくはなく、いまや労働メディアの時間的一般化にはかげりがみられるのです。さらに有償労働の領域での定年制やリストラによる解雇、就職難なども時間的一般化を部分的にむしばむ要因です。

技術やひとびとの暮らしが急激に変化しない時代には、労働は時間的に一般化したメディアでありえますが、変化のスピードがあがるにつれて一般化のレベルは逆にさがらざるをえないようです。このことは労働メディアの物化したかたちにも当然あてはまり、労働に関係したさまざまな資格・免許（たとえば技能検定試験の「級」や「○○士・○○師」）のなかには価値保蔵手段としての意味を減じているものも少なくありません。「進歩」の著しいコンピューターや金融の領域では資格などの種類が急増していますが、これは急速な陳腐化と背中あわせの現象とみるべきでしょう。

(b)　事象的一般化

貨幣が価格をとおして財の価値を表現し、語の集合が「意味」を表現することは**第6章**でたしかめました。では、作業の組み合わせつまり仕事が表現するものは何でしょうか。労働は自己を表現する行為であるというのがマルクス系の議論で広くみられる考え方ですが（くわしくは『脱近代の労働観』［57］第六章を参照してください）、自己を表現する行為は労働に限られませんし、逆に自己を表現しえない（あるいは、表現しようとしない）労働もありえますから、ここではこの考え方を受け入れるわけにはいきません。労働が事象的に一般化したコミュニケーション・メディアであるなら、当のカテゴリーに含まれるすべてが労働ないし仕事で表現され、しかもそのことでコミュニケーションを媒介するという、そうしたカテゴリーが存在するはずです。

このカテゴリーを見いだす鍵は、個々の働き手の視点ではなくシステム全体の視点に立つところにあります。労働は働き手である人間と切り離せないため、ややもすれば個々人にとって労働が辛苦なのか喜びなのか、手段なのか目的なのかといった論点に目を奪われがちですが、労働システム全体を眺めたとき、それらはさしあたり問題とはなりません（ここで「人間軽視の技術論」などという非難がでないことを祈ります）。労働システムを分業のシステムととらえた７―３の議論をふりかえってみると、そこでの分業は工場内にとどまらずさまざまな組織・制度と結びついて社会全体に広がっているひとびとのあいだの相互依存の形式をさすものでした。そうであれば、分業のシステムにおける個々の労働ないし仕事は相互依存の具体的表現にほかならないといえるでしょう。労働というメディアは、労働システム内で用いられるかぎり、ひとびとのあいだのなんらかの相互依存を表現せざるをえないわけです。ここでもし、ひとびとのあいだのすべての相互依存が労働ないし仕事によって表現されうるのであれば、労働は事象的に一般化したコミュニケーション・メディアとしての地位を獲得します。そのさい、すべての労働ないし仕事が相互依存の表現になっている必要はありません。システムの外では他者との関係がまったくない純然たる自分のためだけの労働はいくらでもありえます。これは貨幣が支払いに使われることなくコレクションの対象になったり、語の無「意味」な組み合わせがあったりするのと同じことです。もっとも、歯磨きや趣味の盆栽づくりに「労働」という名がふさわしいのかどうか意見が分かれるでしょうが。ともあれ、「相互依存」ということばをたんに「お互いを頼りにしている・あてにしている状態」ではなく、ひとびとが互いに助け合う活動を意味するものと理解するかぎり、「すべての相互依存（＝助け合い）は労働ないし仕事によって表現されうる」といってよいでしょう。ちなみに杉村芳美氏は、「分業システムを構成する相互依存の関係のなかに位置づけられる活動は、すべて労働の範疇に含まれるとしなければならない」（『脱近代の労働観』[57]一一六頁）と考えたときすでに、労働を事象的に一般化したコミュニケーション・メディアの地位にすえていたことになります。

　貨幣メディアのばあいの財、言語メディアのばあいの「意味」に相当するものとして労働メディアについては「助け合い（相互依存）」というカテゴリーが見いだされました。「助け合い」はすべて労働ないし仕事で表現され、しかもそのことでひとびとのあいだのコミュニケーションを媒介しますから、労働は事象的に一般化したコミュニケーション・メディアです。なお、「財にたいして支払われるべき貨幣量」は「価格」と呼ばれますが、「助け合いにさいしておこなわれるべき労働ないし仕事」を示すことばはあるのでしょうか。助け合いの実例を工場内の流れ作業やスポーツにおけるチームワークから社会全体の職業区分などにいたるまでミクロ、マクロ両レベルで広く眺めてみると、「役割」ということばがもっとも適合するように思われます（役割としての職業をあらわす「天職」ということばもあります。くわしくは『脱近代の労働観』〔57〕一八三―一八六頁を参照してください）。ただし、価格が量的・一次元的概念であるのにたいして、役割は質的・多次元的であり、両者のアナロジーをおし進めるのは無理のようです。ここではたちいりませんが、役割はむしろ言語のばあいの「意味にたいしてあてられるべき語ないし語の配列」すなわち「定義」と共通する点が多いと思われます。

(c)　社会的一般化

貨幣が誰にでも交換・支払い手段として使えることが貨幣の社会的一般化でした。これにならえば、労働が誰とのあいだの助け合いにも使えるとき労働は社会的に一般化したコミュニケーション・メディアであるといえます。しかし、貨幣や言語は支払人や発言者を離れて流通しうるのにたいして、労働は働き手である人間のからだと切り離せません。「貨幣には臭いがない *pecunia non olet*」（5―3参照）のにたいし労働には臭いがあるのです。このことは労働の社会的一般化にとって足かせとなります。なぜなら、一般化のためには大多数のひとびとに進んで誰とでも助け合い協力し合う用意がなくてはならないからです。たてまえとしてはおおくのひとが用意ありと答えるかもしれません。しかし、たてまえどおりであれば、どうして世の中には争いが絶えないのでしょうか。絶えないどころか、さまざまな場所、さまざまな場面で争いがますますふえている気配さえあります。これを説明するには、おおくのひとはほかにインセンティヴがないかぎり、助け合い・協力にさいして相手を選ぶ、と考えざるをえません。そうであれば、助け合いの成否は「相性」次第ということになりますから、労働メディアの社会的一般化は実現しえないわけです。

労働メディアが社会的に一般化しないとすれば、分業はごく限られた範囲で局所的に成立するにすぎず、こんにちの社会にみられるような大規模かつ緻密な分業の網の目ができあがる可能性はなくなります。したがって、分業の網の目の高度発達という現実から出発するなら、労働メディアは社会的に一般化していなくてはなりません。ではいったい、いかにしてひとびとは「相性」を棚上げにした助け合いに導かれるのでしょうか。唯一とはいえないまでも最大のインセンティヴはおそらく労働の金銭化でしょう。すなわち、労働はその自由な姿では相手を選ぶため、相手を選ばない社会的に一般化した労働は希少性をもつことになります。希少な労働の利用には希少な財の獲得と同じく貨幣の支払いが求められ、さもなければかの暴力的占取の世界（2—3参照。労働のばあいは奴隷制が一例となるでしょう）に逆戻りしてしまいます。働き手の側からみれば、貨幣支払いは相手を選ぶ自由を放棄してみずからの労働を社会的に一般化させるインセンティヴとなりうるのです。注意すべきは、労働はほんらい希少なのではなく、社会的に一般化した姿においてのみ希少なのだという点です。

ルーマンは「市場によって調整される貨幣経済という観念が現れてはじめて、労働それ自体も希少であることがよく分かるようになった」（『社会の経済』[34]訳二一一頁）とか、「労働は貨幣関係にしっかり埋め込まれるため、…希少なものとして現われざるをえなくなる」（[34] 訳二二五頁）といっていますが、その意味は次のふたつの事実と照らしあわせることでより鮮明になります。すなわち、貨幣経済が生産活動における分業と相互促進的に発展してきたというよく知られた事実、そして経済的生産における分業が労働の社会的一般化によって促進されるというこれまた明らかな事実、です。右の考察にこれらの事実を加味するなら、はじめの引用文は「貨幣経済と結びついた分業（＝経済的生産における分業）の登場とともに、希少性をもつ労働（＝社会的に一般化した労働）というあらたなカテゴリーが出現した」と読めますし、あとのほうの引用文は「経済的分業したがってまた貨幣経済の拡大・発展につれて、社会的に一般化した労働が労働の全領域に占める比重が不可避的かつ不可逆的にますます大きくなる」といいかえることができるでしょう。こうしていまや、「ますます入り組んだ全体社会的制約条件のもとで、そもそも貨幣なくして労働の調整ができるのだろうか？　すべての相互依存が信頼によって成り立っているような社会、したがってすべての人が他者もまた働くと信じて働くような社会、がつくれるのだろうか？」（『社会の経済』[34] 訳二〇七頁）といわれる段階、つまり貨幣と労働の結びつきを必然と見せる段階に到達したわけです。

＊

以上、時間・事象・社会の三次元における労働メディアの一般化についてみてきました。時間的一般化にかんしては、絶え間ない技術変化が作業（技能）の陳腐化の加速を通じて一般化のレベルをひきさげること、事象的一般化にかんしては、貨幣メディアのばあいの財にあたる「助け合い（相互依存）」というカテゴリーに着目すると、「助け合い」はすべて労働ないし仕事で表現され、しかもそのことでひとびとのあいだのコミュニケーションを媒介するから、労働は事象的に一般化したコミュニケーション・メディアにほかならないこと、そして社会的一般化にかんしては、労働はそのままでは社会的に一般化しにくいが、経済的分業が発達した現代社会では貨幣支払いというインセンティヴを得て一般化が実現していること、をそれぞれ確認しました。ここでとくに注目すべきは、同型性を別とすれば労働と貨幣が結びつくのは一般化の三次元のうち社会的次元においてのみであり、しかもその結びつきは必然的というより社会・経済的進化のプロセスでたまたま生じた偶発的（ルーマンの用語ではコンティンジェント kontingent）なものである、という点です。偶発的な結びつきであっても、それが深まるにつれて次第に必然を装うようになるというケースはあちこちで見かけますが、労働もそうしたケースのひとつでしょう。『諸国民の富』［55］におけるアダム・スミスのように、労働や分業を貨幣経済ないし市場経済と一体視して論ずる傾向はここから生まれます（くわしくは前掲『脱近代の労働観』［57］九四—九八頁を参照してください）。最後にここでの議論の核心をもういちど強調しておきましょう。労働はそのほんらいの姿では希少性したがってまた貨幣とのつながりをもっておらず、つながりは労働を広範囲の分業へと組織する段階ではじめて生まれたものなのです。すなわち、大規模分業の円滑な作動に不可欠な社会的に一般化した労働は、インセンティヴなしには得られないという意味で希少であり、現代社会はたまたま貨幣というインセンティヴを用いることでその確保に成功したのです。

なお、**6—2**および**6—3**末尾の表にならって、同型性の観点から貨幣と労働を対比すれば**表4**および**表5**のようになります。

表4　貨幣と労働の同型性（1）

メディア	形態	主な構造例	拘束と消滅
貨　幣	支　出	支出対象，支出プログラム，組織	な　し
労　働（作業）	仕　事	労働対象，労働手段，作品イメージ，技能	な　し

表5　貨幣と労働の同型性（2）

メディア	メディアの物化した形	主要なコミュニケーション対象	対象のメディア当量
貨　幣	紙幣・鋳貨等	財	価　格
労　働	資格・免許等	助け合い（相互依存）	役　割

第8章　市場の非対称

8—1　『笠地蔵』に見る市場の非対称

「貨幣は受け取るよりも支払うほうが容易である。……支払いをなすには、当の貨幣額を自由に使えるかぎり、ただ決断するだけでよい。それにたいして支払い能力の再生はおおくの前提をともなうリスクをはらんだ企てである。なぜなら、そのばあいには他者を支払いにむかわせるような刺激をつくりださねばならないからである」。これはルーマン門下の俊英ディルク・ベッカー（Dirk Baecker, 1955-）の最初の著作『市場経済における情報とリスク』（*Information und Risiko in der Marktwirtschaft*, 1988）の書き出しの部分です〔4〕九頁）。ベッカーは、経済システムにおいてこの「容易な貨幣支出と不確かな貨幣受領」という非対称な二項を媒介するものは市場であると考えます。なぜなら、「市場にあわせてふるまう者は、貨幣と引き換えに何かを需要することで失う支払い能力を、市場で換金できるほかの何かを供給することで再生しうる」からです（[4]一〇―一一頁）。本章では貨幣をとおして鮮明にうかびあがる売り手と買い手の立場の違いを「市場の非対称」という視点から論じていこうと思いますが、議論の糸口となる格好の素材をあたえてくれるのが昔話の『笠地蔵』です（『日本昔話通観』[19] および『日本昔話大成』[53] 参照）。

『笠地蔵』の話は九州の鹿児島から東北の青森までほぼすべての都府県に分布していて、そのヴァリエーションは無数にあるといってもよいほどです。どれがオリジナルと決められるわけではありませんが、ここでは比較的よく知られているタイプを基準にとり、「市場」との関連でさまざまなヴァリエーションを整理してみましょう。基準型は次のような内容です。年越しの準備もできないほど貧しいじいさまとばあさまがいたが、せめて餅をつく米でも買おうと自分たちの作った笠を売りにじいさまが町へでかける。しかし、笠はひとつも売れず悄然と帰る途中、雪をかぶって寒そうな六地蔵を見かけて売り物（のはずだった）笠をかけてやるが、ひとつ足りない。そこで自分のつけていた笠をぬいで最後の一体にかけて家路につく。手ぶらで帰ったじいさまの説明を聞き、ばあさまは怒りもせず、むしろ「よいことをした」と喜ぶ。その夜寝ていると戸口で物音がする。翌朝戸をあけると餅（米）や金が置いてある。笠のお礼に地蔵がくれたものであった（基準型採集地は秋田県増田町、静岡県松崎町、滋賀県竜王町、兵庫県和田山町です）。

この基準型によると、じいさまの笠および彼のセールスは「他者を支払いにむかわせるような刺激をつくりだす」ことができず、貨幣の獲得に失敗します。市場経済の支配する「町」では、このじいさまにとって貨幣は彼を米の入手から締めだす悪魔となります（2—2にでてきた貨幣の悪魔性の社会的次元です）。じいさまの笠は貨幣額（価格）のみによって評価され背景は消去されますから、事象次元でも貨幣の悪魔性が身にしみざるをえません。じいさまの窮状（背景）を知って、さしあたり不要な笠を人助けのつもりで買うという可能性は排除されているのです（ただし、参照した『日本昔話通観』[19]には、一例だけ——笠ではなく——麻糸玉を人助けで買っていると思われる青森県車力村のケースが載っていました）。市場交換のみちを断たれたじいさまは、地蔵との互酬関係（贈与と返礼）を通じて物資を調達するわけですが、ヴァリエーションのなかには、市場交換をこころみることなく往路ですでに笠を地蔵に贈ったり、当初の売り物は薪や木綿で、それを売った金で越年物資でなく地蔵用の笠を買うというのもあります。これら市場交換非登場型や市場交換成功型は話としては平板で面白みを欠きます。またどういうわけか、売れぬ者同士の物々交換を挿入するヴァリエーションもみられます。糸巻子（へそ）と笠、木綿と笠、柴と笠などです（岩手県花巻市、青森県車力村、山形県西川町ほか）。前掲『日本昔話通観』（[19]）では「愚かな取り引き」という注釈がついていますが、うがった見方をするなら、この物々交換は匿名的な市場交換から非匿名的な（名前入りの）互酬関係への移行を暗示する役をになっていると考えられます。笠は地蔵一体に一個ずつかぶせるほかはなく、それゆえ不足が生じるのにたいし、糸巻子や木綿や柴は任意の量に分割可能なので地蔵一体に贈る量を調節すれば「あぶれる」地蔵はでてきません。ここでのポイントは、「あぶれた」地蔵に売り物

（商品）の笠ではなく、じいさまが身につけている笠（あるいは手拭いやふんどし）を贈るところにあります。このいわば「名前入りの」財は、地蔵にとっては互酬の相手を同定（identify）し返礼の金品を間違いなく届けるための手がかりにほかなりません。こうした「あや」を入れた話と比べると、笠の不足が生じないヴァリエーションはもちろん、「あぶれた」地蔵を家に背負って帰るヴァリエーションも、いまひとつ興趣に乏しいといわざるをえません。ちなみに『日本昔話通観』〔19〕では、地蔵を背負って帰るのは「招待型」、また基準型のようにあとから地蔵が返礼にやってくるのは「来訪型」と類型区分されていて、前者のばあい「招待」された地蔵はお礼として口・鼻・へそ・尻のいずれかから米をだすのが常のようです。

素朴な昔話にあらぬ解釈をほどこしたうえ、平板だとか興趣に乏しいだとかの評まで加えてしまいましたが、勝手ついでにひとつの仮説を提示しておきましょう。すなわち、『笠地蔵』（の基準型）は市場経済のなかでセーフティネットをはずされ神仏に頼るしかなくなった者たちがみずからを描いた物語、すなわちルーマンのいう自己描写（Selbstbeschreibung）である、と。そのばあい、地蔵の返礼の場面は「マッチ売りの少女」がマッチが燃えるあいだにかいま見た光景と同じく幻想だったにちがいありません。

『笠地蔵』にでてくるじいさまは、笠が売れなかったため貨幣を手にすることができず、したがって正月用品も買えなかったわけですが、はじめから貨幣をもって町へでかけたとすれば何の困難もなく買い物ができたはずです（話としてはおもしろくありませんが、そういうヴァリエーションもじっさいにあります)。ここで、買い手が「貨幣さえあれば、現行価格でいつでも望むものを望む量だけ誰でも買える」と期待しうるとき、「市場は買い手の観察において時間・事象・社会の三次元で一般化している」と呼ぶことにしましょう。そのさい、あらゆる財をひっくるめた全般的な市場(allgemeiner Markt)、正月用品のような一定の財のセットの市場、単一の財(たとえば米)の市場、さらにこまかくある財の特定種類(たとえば「魚沼こしひかり」)だけの市場、といったぐあいに市場の区分はひとをおりではありませんから、市場の一般化をいうばあいには何の市場であるのかをはっきりさせる必要があります。歳末ともなれば町には越年物資が集まり売り声もにぎやかだったことでしょうから、買い手としてのじいさまの観察する正月用品の市場は、少なくとも事象・社会の両次元で一般化していたはずです。季節物の正月用品ゆえ、いつでも買えるという時間次元での一般化は期待できませんが、そもそも買い手のほうがそれを期待しないでしょう。

一方、売り手が自分の売ろうとしている財について「現行価格でいつでも望む量だけ誰でも売れる」と期待しうるとき、「市場は売り手の観察において時間・事象・社会の三次元で一般化している」と呼びましょう。買い手のばあいと違って売り手の観察する市場はいま自分が売ろうとしている特定の財の市場なので、事象次元の一般化は「望む量だけ売れる」と表現されます。『笠地蔵』のじいさまは市場経済における本格的な売り手にはほど遠い存在ですから、市場の観察をおこなったとも思えませんが、かりにしたとすれば「年越しの準備に忙しい時に笠などはたしてどれだけ売れるだろうか。まして売り口上もすらすらでてこない自分から買ってくれるひとなどいるだろうか」と考えたにちがいありません。つまり売り手としてのじいさまの観察する笠の市場は三次元のいずれにおいても一般化していなかったと想像できます。あんのじょう、ひとつも売れませんでした。とすれば、往路ではやばやと笠を地蔵に贈ってしまう「市場交換非登場型」を「平板で面白みを欠く」と評したのは、読みの浅さゆえの早とちりだったかもしれません。じいさまは笠の市場を観察したうえで、町までの往復の時間費用とエネルギー・コストを計算し、最適解として「売るのはあきらめ地蔵に贈与する」という結論に達したのだとの解釈も可能だからです。この解釈をとると、「市場交換非登場型」はむしろ「市場交換断念型」と名づけるべきだということになるでしょう。

売り手や買い手がみずからにとっての売買可能性を観察するその観察像を「市場」と呼ぶのはルーマンにしたがったものですが（くわしくは私の『経済システム』[24]第4章「市場」を参照してください）、注目すべきは同一の財であっても売り手と買い手では観察像が大きく異なることです。ルーマンが、市場はすべての取引参加者にとって同じものであると同時に各取引参加者にとって異なるものでもある、というように（『社会の経済』[34]訳八七頁）、同じ「笠の市場」を観察してもひとによって観察像が異なるのはごくあたりまえで、売り手同士や買い手同士でも異なるのがふつうでしょう。たとえば「市場交換断念型」に登場するじいさまは弱気（bear）だったのかもしれず、強気のじいさま（bull）なら往路で寒そうな六地蔵を見かけてもただちに売り物の笠を贈らず、「帰りに何かあたたかいものを買ってくる」と約束して町への道を急いだ可能性があります。じっさい大阪市北区天神橋筋で採集されたものはこのヴァリエーションです（『日本昔話通観』第15巻[19]一二八頁）。しかし売り手と買い手のあいだの観察像の違いは、強気・弱気といった程度問題ではなく、もっと根本的なものです。それは、買い手が貨幣をもって登場するのにたいして、売り手は財、しかも特定の財をもってあらわれざるをえない、という立場の違い、さらにはその背後にある希少性のパラドックス、に由来するものです。

8—2　希少性の第二パラドックス

2—3で裕君と剛君のふたりの子供の玩具争奪戦を例に希少性問題を論じたとき、ある者の財の占取行動は当人の希少性の除去（減少）になると同時に他の者にとっての希少性の発生（増大）になるというパラドックス（ルーマンのいう「希少性のパラドックス」）を指摘しました。そして、経済システムの作動の継続にとっては希少性の再生産が不可欠であり、希少性の解消は個々の取引当事者の目的ではあってもシステムの目的ではありえないことを3—4で強調しました。ところが希少性はこの意味でのパラドックスとは性格を異にするもうひとつのパラドックスをかかえていて、それが市場の観察像を売り手と買い手のあいだで大きく乖離させる原因になっているのです。

希少性の第二のパラドックスは一口でいえば次のようなものです。すなわち、財の希少性は個人にとってのみ存在し、社会全体としては財はむしろ過剰である、と。これは右の第一のパラドックスと形式的には多少似ていますが、内容はまったく違います。ちなみに『社会の経済』で、たとえば買い手の希少ないし欲求の過少と過剰生産にふれた部分（[34]訳一六頁、六〇頁）や「すでに三百年以上も前からヨーロッパにはもはや飢饉はない」という記述（[34]訳一六三頁）に出会うとき、ルーマンもこの第二のパラドックスに気づいていたように思えます。しかし彼自身は明確にパラドックスとして論じてはいませんので、「希少性の第二パラドックス」というのはあくまでも私の命名です。

人間の限りない欲求にたいして希少な資源をどのように割りふって利用すべきか、これが経済の問題である、という書き出しは、かつて経済学の教科書におおく見られました。この文言の元祖ともいうべきロビンズ（Lionel Robbins, 1898-1984）の『経済学の本質と意義』（[49] *An Essay on the Nature and Significance of Economic Science*, 1934）はけっして入門用教科書ではないのですが、私が四十年前に受講した「教養の経済学」ではこれをテキストに使っていて、経済学にたいするイメージがいきなり暗くなった記憶があります。それはともかく、経済問題とは「欠乏」ないし「窮乏」の問題であると長いあいだ考えられてきたわけですが、物事はまったく反対の方向からも見ることができるのです。すでに**7―2**で、原始的な社会においても潜在的な労働資源は生存に欠かせない物資を生産するのに必要な量を相当上回っていたことを示唆しましたが、佐伯啓思氏はもっとはっきり、「人間社会の経済問題は「希少」にあるのではなく、むしろ「過剰」にあるというべきではなかろうか」（『「欲望」と資本主義』[50]七六頁）と、逆方向からの観察を提案します。少し長くなりますが主張の核心部分を引用しておきましょう。すなわち、「人間の欲望は潜在的には無限かもしれないが、そのもっとも基本的なものは生存に関わるものだろう。すると、これは決して無限なわけではない。

……この……観点からすると、人間は明らかに生存に関わる以上のものを生みだしているのである。これはおそらく、未開社会を含めてほとんどあらゆる社会についていえることで、ほんの例外的なケースを除いて、一般的にあらゆる人間社会は基本的生存水準以上の生産力をもっているのである。その意味では生産は常に「過剰」なのだ」（[50]七六頁。なお、引用部分を含む[50]第3章第2節「過剰の処理としての資本主義」は、**8—4**の議論との関連でも示唆に富んでいます）。

佐伯氏のこの提案はフランスの思想家ジョルジュ・バタイユ（Georges Bataille,1897-1962）の経済観を下敷きにしています。バタイユは、富の源泉は地球に惜しみなくふりそそぐ太陽エネルギーにあるとして、「生物全般にとって、エネルギーは常に過剰な状態にあり、……欠乏が問題になるのは、個々の生命体、もしくは生命体の限られた集合にとってだけである」（『呪われた部分』[5]訳二七頁）と、個別的「欠乏」ではなく全般的「過剰」こそが経済の根本問題であると説きます。そしてかずかずの歴史的事例からも明らかなように、「過剰エネルギー（富）は一つの組織（例えば一個の有機体）の成長に利用される」か、それができないばあいには、「好むと好まざるとにかかわらず、華々しいかたちで、さもなくば破滅的な方法でそれを消費」するほかはなく、たとえば「イスラムは超過分を残らず戦争に、近代世界は産業施設に……ラマ教は瞑想的生活に〔＝非生産的な修道僧を養うために〕……充てた」とバタイユはみています（引用は『呪われた部分』[5]訳二五頁および一四八頁。〔　〕内は引用者の補足）。

バタイユが個別的「欠乏」から全般的「過剰」への視点の切り替えをうながしたのにたいし、私は個別的「欠乏」と全般的「過剰」の併存に着目し、これを「希少性の第二パラドックス」と名づけたのです。全般的「過剰」については、太陽エネルギーにさかのぼるまでもなく、身のまわりのあちこちで目撃することができます。利用可能なのに廃棄される大量の財とくに食料品、遊休設備、耕作放棄地そして失業者、これらは明瞭に生産能力の過剰を示しています。では、個別的「欠乏」はなにゆえ生じるのでしょうか。貨幣を交換手段とする経済的分業が発達し生活必要物資の範囲が拡大する（＝生活水準の向上）につれて、個人や小さな人間集団（これはバタイユのいう「個々の生命体、もしくは生命体の限られた集合」に相当します）のもちあわせる労働能力では次第に必要物資のすべてをみずからつくる（＝自給する）ことができなくなります。物々交換ももはやかなわぬとなれば、彼らは必要物資を確保するために自分のつくった財（たとえば笠）あるいは労働そのものをなんとしてでも貨幣に換えねばなりません。生活必要物資をすべて自給できるなら貨幣は不要なわけですから、自給能力が乏しければ乏しいほどその者にとって貨幣の必要性が高まるといえるでしょう。**第2章**では貨幣は財の希少性を写しとった希少性の第二の形態として登場しましたが、個々の分業参加者の目から見て貨幣を希少にさせるものは自給能力の欠乏（＝希少）にほかならないのです。そしてこの意味で希少な貨幣を支払うことでしか入手できないがゆえに、支払人＝買い手にとって財はさまざまな程度に希少なのです。ここではもともと希少ではない（全般的に過剰な）財が、（個々の分業参加者の自給能力の欠乏に由来する）貨幣の希少性を写しとって希少になるという逆転現象がみられます。貨幣が財の希少性を写しとるのか、財が貨幣の希少性を写しとるのか。どちらが実像でどちらが虚像か。これはおそらく不毛な問いでしょう。見るべき実像はニワトリと卵の関係あるいは自己準拠性そのものだからです。

8—3　市場の非対称とその克服

もとの問題にたちかえって、希少性の第二パラドックスが売り手と買い手の市場の観察にどのような違いをもたらすのか検討してみましょう。そのさい、のちのち規模の拡大がありうるにせよ、少なくとも当初はどの売り手・買い手も小規模で、各自の売買量は市場全体のそれに比べてきわめて少ないと想定します。市場の観察を抜きにしていきなり大規模な売買に乗りだすといった無謀なケースを別とすれば、規模の拡大は市場の観察への反応として段階的に進むと考えられますから、この想定は現実的でしょう。そこで、こうした小規模な売り手・買い手が全般的な過剰を背景にみずからにとっての売買可能性を観察するとき、「原初的市場観察」（original marketobservation）と呼ぶことにします。

売り手・買い手が小規模という想定から、『笠地蔵』のじいさまに売り手として再登場してもらい、買い手は町のひとびととしましょう。まず全般的な過剰は、じいさまには多数の同業者（競争相手）の存在として意識されます。つまり笠を売る者はほかにも大勢いて、町のひとは誰から買うかよりどりみどりだということです。一方、じいさまは正月用品を自給できませんから、この個別的欠乏は笠をなんとしてでも売らねばならぬ圧力となります。けっきょくじいさまは、いわば「過剰な財を希少な貨幣に変換する」ことを余儀なくされるわけです。なんらかの手を打たないかぎり、売り手としてのじいさまの市場観察はおそらく、「売れるも売れないも運（偶然）次第」となるでしょう。いつどれだけ売れるかはまったく不確かですから、もちろん観察される市場は時間・事象・社会いずれの次元でも一般化していません。では買い手のほうの笠市場の観察はどうなるでしょうか。少なくとも日常的な笠の必要に照らして支障のない程度に、市場は三次元のすべてにおいて一般化しているにちがいありません。つまり、町のひとたちは笠を必要なときに必要なだけ誰でも買える品物と見ているはずです。買い手にとって財が希少なのは、価格相当額の希少な貨幣を支払わねば入手できないというまったく個人的な事情によるものであり、全体的にみれば財の購入は「希少な貨幣を過剰な財に変換する」ことにほかならないのです。

　売り手と買い手の原初的市場観察がこのように非対称であるとすれば、買い手と比べて不利な立場に置かれた売り手はなんらかの手を打たざるをえないでしょう。いまみたように、全般的な過剰のもとでは売り手の観察する市場は時間・事象・社会いずれの次元においても一般化していません。財は特定の時に特定の量だけ特定の売り手から買われるほかないのです。これはわかりきったことのようですが、あくまでも全般的な過剰を背景にした事実である点を忘れてはなりません。たとえば第一次石油危機の時（一九七三年）、トイレット・ペーパー、洗剤、砂糖などはどの店でも品物をだすとすぐに売り切れましたから、当時これらの財にかんして売り手側から見た市場は三次元で一般化していたと思われます。そうであれば、意図的に品不足状態をつくりだすという戦略も考えられそうですが、小規模な売り手が単独で市場全体の品不足をひきおこすことは不可能ですし、かりにできても利益が他の売り手に及びますから、得策とはいえません。この戦略が現実的となるのは売り手が独占者のばあいに限られるでしょう。小規模な個々の売り手としてはむしろ、「特定の時に特定の量だけ特定の売り手から買われるほかない」という事実を受け入れたうえで、みずからがその「特定の売り手」に選ばれるべく努力するのがふつうではないでしょうか。ではどうすれば選ばれた売り手になれるのか。これが次のテーマです。

　売り手の観察において市場はどの次元でも一般化していませんが、これを一般化させることで自己に有利な状況をつくりだそうとしても、小規模な個々の売り手には無理だとわかりました。そこで逆に、買い手側の市場観察に影響をあたえて、買い手が特定の売り手を取引相手として選ぶように誘導するという戦略が浮上してきます。原初的状況下の買い手が観察する市場はすべての次元で一般化していて、そのままでは特定の売り手の選択には結びつきません。考えられる手は、観察像において市場を一般化とは反対に特定化させることです。つまり、買い手がある財の市場について「その財は特定の時に、あるいは／また特定の量だけ、あるいは／また特定の者だけが、買える」という観察像をいだくよう方策を講じ、それを通じて買い手を特定の売り手である自己にひきつけるのです。一見するとなにか非常にこまかい特殊な戦略と映るかもしれませんが、じつは売り手の販売戦略のほとんどすべては、いずれかの次元での市場の「特定化」をめざしているといってもよいのです。この点を具体的に示してみましょう。

(1) 規模の拡大

まず、最初にもふれた「規模の拡大」をとりあげます。通常、規模の拡大は生産費ひいては価格のひきさげにつながります。他の売り手が追随しない（あるいは、できない）ばあい、「現行価格」が単一（一物一価）ではなくなり、より安く買おうとすれば規模を拡大した当の売り手から買うしかありません。もはや買い手の観察する当該財の市場は、安いほうの「現行価格」については社会的に一般化しているとはいえず、「誰でも」ではなく、「当の売り手から買う者だけ」と特定化されます。他の売り手が追随するなど競争が始まれば、いったん特定化した市場がふたたび一般化の方向へ戻ったり、特定化と一般化のあいだで揺れ動いたり、競争の経過に応じてさまざまなかたちをとるでしょう。条件が整って売り手独占が成立すれば、右のように独占者の観察において市場が一般化するとともに、「現行価格」は独占価格に一本化され、買い手の観察する市場での社会的特定化が完成します。つまり、何らかの理由でその独占者を忌避する買い手は財の入手のみちを完全に断たれるのです。また、独占者が販売時間や販売量を制限することによって、買い手の観察する市場が時間次元と事象次元でも特定化する可能性がでてきます（人気ゲームソフトや一部の工業用希少金属などがその例でしょう）。

(2) 低価格戦略

絶えず競争にさらされた独占者ならざる売り手にとって、買い手をひきつけるのは容易なことではありません。他の売り手より安い価格をつけるのがもっとも効果的と思われますが、多数の小規模な売り手が競争しているばあい、価格競争に耐えられない売り手は順次退出を余儀なくされますから、いずれ「残っているどの売り手も持続的に他の売り手より安い価格をつけることはできない」という状況に到達します。財に質的な差がまったくないばあいには、この段階で低価格戦略の余地はもはやなくなります。低価格戦略がありうるとすれば、製品差別化戦略を補完するための量的に限定された一時的なものだけでしょう。たとえば新製品の「お試し価格」や「発売記念特価」、サービスの差別化を競う小売店がお客を呼びこむためにおこなう「開店（改装）記念セール」などです。これらは買い手の観察における市場の社会的特定化（その売り手から買う者だけが安く買える）に時間的特定化（期間限定）や事象的特定化（量的限定）を重ね合わせることによって買い手をより確実に自己にひきつけようとするものです。しかし、低価格は持続できませんから、社会的特定化の手段は低価格から製品差別化（その売り手から買う者だけが差別化のもつ利点を享受できる）へと速やかにバトンタッチされねばなりません。

(3)　製品差別化戦略　製品差別化は財そのものの質のみならず、付帯サービス（アフター・サービスなど）や販売方法、デザイン、パッケージ、さらには広告・宣伝まで含めて考えることができますが、いずれにせよ買い手をひきつけるに十分なインパクトをもっているかどうかが問題です。差別化された特定の質・付帯サービス・販売方法をとくに重視する買い手、実質的な違いよりも見かけにこだわる買い手、広告・宣伝に弱い買い手などには効果的（つまり、それらの買い手の目から見て当該財の市場が社会的に特定化する）かもしれませんが、その効果も他の売り手が追随すれば薄まるでしょう。特許などで追随を防ぐことができても、多数いる類似品の売り手が独自の差別化戦略で対抗してくれば、顧客の確保はやはりむずかしくなります。買い手が選んでくれないのなら、こちらから買い手を選んでしまおうという意表をつく差別化戦略もあります。「このご案内はとくに選ばれた方々にのみお送りしております」などと記されたダイレクト・メールや、厳格（そう）な入会条件を付した会員制の商品・サービス提供は、買い手の観察において市場の社会的特定化をうながし、「選ばれた買い手」になりたくて当該の売り手を選んでしまうという効果をねらったものといえます。もちろん冷静に考えれば、なにゆえ売り手から選ばれなければならないのか、という疑問がでてくるはずなのですが、この種の例をいまなお見かけるのは、錯覚におちいるひとが結構いるということでしょう。売り手による買い手の逆選抜はいささか極端としても、ルーマンが「常得意を擬似相互行為によって自分に引きつけたり、クリスマスの挨拶（や誕生日を祝うカード）を送ったり、催し物（「絵画展」・「特別内覧会」など）に招待したり、優待をほのめかしたり、要するに家族とまではいかないにせよ共同体をまねようとする会社の努力が観察される」（『社会の経済』[34] 訳九八頁。〔 〕内は引用者の補足）と指摘しているように、売り手側の選抜が（ほとんど）ない会員制度（しばしばクレジット・カードやポイント・カードの発行をともなう）は差別化戦略のひとつとして広まっています。もっとも、小規模な売り手が競って似たようなことをすれば、買い手をひきつける力は弱くならざるをえないでしょうが。ちなみに、小規模なるがゆえに可能な一種の差別化手段として「擬似」ではなく「真」に近い「相互行為」があります。たとえば近年、低価格をうたうチェーン店方式の理髪店が目だちますが、私など安いからといって行きつけの店を変える気にはなれません。いつもの店で個人的な話題も含んだ四方山話をしながら刈ってもらうほうが良いからです。それに、いちいち注文をつけなくとも好みの髪型に仕上がります。理髪店にかぎらず個人商店や中小・零細製造業などでもみられる売り手と買い手のあいだのこうした非匿名的な関係は、小規模な売り手が市場経済の荒波から身を守る防波堤といえるかもしれません。もちろん、市場経済の原則からすればこの防波堤は「違法施設」であり、海の彼方からやってくるクレームの波に耐えうるかどうかは定かでありません。

(4)　製品開発　右でみたように、小規模な売り手にとっては低価格戦略も製品差別化戦略も顧客獲得の決定的な手段にはなりそうもありません。その一番の理由は他の売り手が追随ないし対抗する可能性がおおいにあるということです。それゆえ、見込みのある戦略はまず第一に他者の追随や対抗を許さないものでなくてはなりません。要するに、小規模ではあるが独占的な売り手になれるような戦略です。たとえば容易に真似のできない新製品を開発するというのも、そうした戦略のひとつといえるでしょう。じっさい、独創的・画期的な製品を生みだすことによってはじめはごく狭い範囲での独占状態を実現し、それを足がかりにして次第に周辺・関連領域に活動を広げ規模を拡大していった企業の例は内外に数多く存在します。

8―4　過剰処理の最新形態――破壊的ポトラッチの復活?

市場の観察における売り手と買い手の非対称が全般的過剰を背景にして生まれることはすでに指摘しましたが、希少から過剰への視点の切り替えを唱えたバタイユは、未開社会での過剰処理のひとつの典型として北西部アメリカ・インディアンの「ポトラッチ」という制度をとりあげています(『呪われた部分』[5]訳八八―一〇五頁)。ポトラッチとは簡単にいえば名誉をかけた贈答戦であり、互いに贅を尽くした贈り物で相手を圧倒しようと競うものです。しかし「贈与がポトラッチの唯一の形式ではな」く、「富の荘厳な破壊でもって競争相手に挑戦することもある」のです(［5］訳九〇頁)。マルセル・モース(Marcel Mauss, 1872-1950)の「贈与論」によれば、「ときには、物の受贈は問題ではなく、返して貰うことを望んでいないという態度を示すために、単に物を破壊することがある。魚蠟や鯨油の樽をそっくり焼却するとか、家屋や数千枚もの毛布を焼き払うとか、あるいはまた、競争相手を圧倒し《やりこめる》ために、非常に高価な銅板を破壊したり、水中に投じたりすることをも辞さない」(『社会学と人類学』[42]訳Ｉ二九一―二九二頁)のです。「なんともったいないことを」とか、もしかすると「さすが野蛮人! やることが違う」などと非難や軽蔑のせりふがでるかもしれません。けれどもそのせりふはそっくりそのままわれわれ自身にかえってきます。

長引く不況にあえぐ日本。消費と投資の低迷からなんとかして抜けださねばなりません。とくに総需要の約6割を占める消費の拡大が急務です。ポトラッチとの関連でいえば、近年の中元・歳暮商戦はひところと比べ活気がありません。贈答の件数そのものが減っているだけでなく、平均金額の低下や実質本位の商品へのシフトがみられます。当然のことながら、贈られた品物をもてあますケース、すなわちおおすぎたり好みにあわなかったり、もともと用がなかったりで退蔵あるいは廃棄（＝破壊！）されるケースは減っているはずです。それに加えて、不用贈答品を買い取るリサイクル・ショップの登場も無駄をなくすのに一役かっています。ところが、一面では歓迎すべきこの変化も、過剰の処理という点から見ると明らかに処理機能の低下を意味します。そして過剰処理のいきづまりこそ、現下の日本経済にとって由々しい問題なのです。

飯田経夫氏がつとに主張しているように、日本人はすでに十分豊かであり、モノに「飽食」して「もういいや」という感じになっている（飯田経夫『日本の反省』[18]第二章）と私も考えます。敗戦直後から高度成長の時代まで、日本経済はモノに飢えたひとびとの消費意欲によって支えられてきたといってよいでしょう。しかし、もうかなり以前から経済を支えているのは「過剰消費」ないし「浪費」なのです。おおくの売り手は、消費意欲の欠如した買い手にモノを売らねばならぬという事態、いいかえると、かつてないほど先鋭化した「市場の非対称」、に直面しているのです。売り手の涙ぐましい（？）努力については飯田氏も慨嘆しつつふれていますが（『「豊かさ」のあとに』[17]第3章）、パッケージを変えたりキャラクターをつけたりしても、とにかく買い手が自発的に買ってくれるかぎりではとがめだてはできません。けれども、自発的な消費を掘り起こすなどという悠長なやり方ではとても回復が見こめないと、最近きわめて荒っぽい手法が多用されるようになりました。「強制消費」ないし「消費テロ」（このことばは『社会の経済』[34]訳一六三頁にでてきますが、W・シュミットバウアー『消費人間』[52]訳一六九―一七七頁をも参照してください）がそれです。右の中元・歳暮の例を含め、消費者による自発的な過剰処理がいきづまるなか、政府も荷担してさまざまな消費強制策が打ちだされています。

一方、第二の需要項目である投資についても消費とほぼ同じストーリーを語ることができます。かつての旺盛な投資意欲とは対照的な近年の沈滞、そして「強制投資」による打開のこころみです。消費・投資それぞれについて具体例を示しましょう。

(1)　携帯電話　携帯電話を強制消費の例にあげるなど、個人的な偏見としか考えられない。みんな便利だから自発的に使っているのであって、強制の要素はみじんもない。当然、予想される反応です。たしかにある普及水準まではそのとおりかもしれません。しかし「消費テロ」の標的は、さしあたりなくても不便を感じないから買わないでいるひとたちなのです。近ごろ明らかに公衆電話の数が減っていますし、残っているものも硬貨の使用を拒絶したり、しばしば故障したり（意図的ではないにせよメインテナンスの不足でしょう）と、はなはだ不便になってきました。公衆電話の設置者の言い分は、「携帯電話の普及で利用者が大幅に減っているため」ですが、同系列の会社が携帯電話の売り込みに励んでいる矛盾を措いても、業界全体としてみれば代替手段の剝奪をとおした強制消費といわざるをえません。本格導入が決まったデジタル・テレビも、アナログ式の受像機が以後使用不能になるのであれば、従来どおりテレビを見たいひとは買い替えるか少なくともアダプターを購入せざるをえなくなりますから、強制消費の事例に仲間入りするでしょう。その他、修理ないし消耗部品の供給停止、買い替えのほうが安くつくような高額修理費、旧機種との互換性のない新機種など、強制消費の「伝統的手法」が電子・電気機器を中心に近年勢いを増している気配があります。

(2) 新札発行　二〇〇四年春の実施が決まった紙幣刷新は、政府が積極的に関与する強制投資の例をあたえてくれます。偽造防止を表にだしているとはいえ、新聞紙上には「新紙幣特需」という見出しが躍り、さっそく関連株が値上がりしました。けれども、現金自動預け払い機（ATM）や自動販売機を取り替えねばならない金融機関・交通機関・飲料メーカーなどにとっては、みずからにはほとんどメリットのない強制投資となります。関連する公共支出を含めて、無駄であり無意味な負担を強いるものだという批判もありますが（たとえば二〇〇二年八月一〇日付日本経済新聞コラムにおける小野善康氏のコメント）、過剰の処理という観点に立てば「無駄だからこそ意味がある」ことになります。なぜなら、無駄な需要ではなく国民生活の向上に役立つ需要をとの主張の背後には、需要をみたす資源に限りがある、つまり「希少」、という前提があるわけですが、先に（8―2で）

「希少性の第二パラドックス」として強調したように、希少性は個人ないし組織にとってのみ存在し、社会全体としては資源は過剰だからです。政府という一組織の視点から見て効率的支出（資源）配分の問題がいかに重要であれ、それぞれの組織のもつ一定量の資源をあれこれ配分変えしても社会全体の過剰問題の解決にはつながりません。過剰の処理に寄与しようとするなら、投資は公共投資・民間投資を問わず、おおむね役に立たない投資、つまり無駄な投資であるべきなのです。すなわち、生産力の増強をめざす設備投資や生産関連公共投資は過剰を助長するがゆえに論外であり、個々人の消費を代替するような生活関連公共投資も、たとえば公共図書館ができたために本を買わないとか、交番の新設でガードマンが不要になったとか、高速道路の遮音壁ができたために二重ガラス窓にしなくてすむとか、とにかく民間消費の足を引っ張りますから望ましくありません。その点、無駄な投資はひたすら過剰の処理に尽くす優等生といえるでしょう。新札発行のみならず、熊やイタチしか利用しない高速道路の建設や、身近なところでは年度末にきまって見かける道路の掘り起こしなども、無駄であればあるほど歓迎されるべきなのです。

(3)　コンピューター

官民あげてのＩＴ化の大合唱は、強制消費・強制投資の壮大な実例といえるでしょう。洗濯機が発売されても、買いたくないひとはいままでどおり手洗いをつづけることができました。テレビが登場してもラジオでいいというひとはひきつづき放送が聞けました。がしかし、ＩＴ化はそんな甘いものではありません。「会議の開催通知等の事務連絡は今後原則としてe

メールでおこないます」という通達は、コンピューターの非所持者を淘汰されるべき人間とみなしています。IT関連投資をしない企業は、競争以前にそもそも日常の取引ができなくなって廃業に追い込まれるでしょう。あらゆる個人や組織を文字どおりオンライン化する（強制の綱でつなぐ）のがIT戦略にほかなりません。すべてが無駄とはいえないにせよ、IT関連の投資と消費が過剰の処理のもっともあたらしいスタイルであることは間違いありません。便利さの陰でこの点は意外に見落とされているのではないかと思い、老婆心ながら強調しておきます。

具体例は以上に尽きるものではありませんが、いずれにしても強制消費・投資は、①まだ使えるモノをわざと使えなくして廃棄させ（＝意図的陳腐化）、かつ／または、②本来なくてもすむモノをなくてはならぬモノに仕立てあげる、ことを通じて無駄を生み過剰の処理に貢献します。この手法は最近編みだされたわけではなく、たとえば一九六〇年代から七〇年代を中心に、自動車の通行をさまたげると称して路面電車を廃止し、バスや自家用車に切り替えざるをえなくしたケースなど、相当おおがかりなものから小規模なものまで先例を探すのは容易です。ただ近年は一国全体のスケールですべてをもれなく束ねて、全国民、全企業、全自治体等々を強制消費・強制投資の「標的」にするというやり方が急に目立つようになりました。そして強制消費・投資の仕掛人も、市場の非対称ゆえに不利な立場に置かれその克服に微力を尽くすあの小規模な売り手などではなく、有力寡占企業からなる業界全体あるいは官民一体といった一国規模のものになってきています。

強制消費・投資のもたらす無駄は、過剰の処理に寄与する点で冒頭にあげた北西部アメリカ・インディアンの破壊的ポトラッチと機能的に等価であるばかりでなく、むしろ破壊的ポトラッチそのものとみることができます。不燃ゴミ・大型ゴミの収集日、街角の光景を思い浮かべてください。簡単な修理だけで、いやほこりを払うだけで、まだ使えるタンスや応接セット、まだ使える照明器具や音響機器、まだ使えるタイプライターやパソコン、ひょっとするとまだ使ったこともない贈答品らしきガラス器等々、廃品のリストは「産業廃棄物編」を加えて延々とつづきます。これらの廃品は焼却されたり（ゴミ焼却場）、水中に投下されたり（埋め立て）する点でも、かの北西部アメリカ・インディアンのばあいと同じです。では、この現代の破壊的ポトラッチは誰と誰の競争なのでしょうか。生き残りをかけた熾烈な企業間競争と消費者の見栄張り競争が、まだ使える物をどんどん廃棄するような事態を招いたのだ、と説明することもできるでしょう。しかしルーマンの社会システム理論をとおして見れば、この現代版ポトラッチもまた自己準拠性のひとつのあらわれなのです。すなわち、現代社会が絶えずみずからと競っているその自己準拠的競争の帰結にほかならない、ということです。一方で過剰の上に過剰を積み重ねる社会と、他方で過剰の処理に四苦八苦の社会、このどちらも同じ社会同士の競争です。

第9章　市場の自己準拠——現代市場社会の観察

9―1　観察における「同一」と「差異」

第8章では市場を個々の売り手や買い手の視点からとらえ、「市場」とはそれぞれの売り手・買い手が自分の売りたい財が売れる可能性、あるいは買いたい財が買える可能性を観察するその観察像のことであると考えました。そしてこの意味での市場が、時間・事象・社会の三次元における「一般化」というものさしで測られることも示しました。そこで次に、この観察像としての市場を経済システム全体の視点からあらためて眺め、それをもとに経済の舵取りを市場にゆだねる「市場社会」の帰趨を占ってみましょう。話はミクロ・レベルからマクロ・レベルへ、すなわち個々の売り手・買い手（経済システムの「参加システム」）から経済システム全体さらに（全体）社会（Gesellschaft）

へと移っていくのですが、まずは**第8章**につなげて市場概念そのものをもう一段鮮明にしておきます。

ここでたちもどってとりあげるのは、**8―1**で『笠地蔵』の話とともに引いた「市場はすべての取引参加者（売り手・買い手）にとって同じものであると同時に各取引参加者にとって異なるものでもある」というルーマンのことばです。**第8章**では、たとえば同じ日の同じ町の同じ笠の市場を観察しても売り手と買い手では、また売り手同士や買い手同士でも、観察像は異なるので、市場は同じでありかつ異なっているのだ、と素朴に解釈しましたが、ルーマンはもっと厳密な意味をこのことばにこめています。彼が着目するのは、市場の観察の核心部分にはつねに価格にかかわる観察、すなわち「一定の価格で支払いがなされるのかなされないのか、そしてばあいによってはさらに、支払うか否かが時とともに変わるのか、あるいは価格を変更したら変わるのか」の観察、があるという点です（『社会の経済』[34] 訳一〇九―一一〇頁）。そして「価格は、同じものが異なっているという一般的な差異化パラドックスの再定式化・操作可能化」（『社会の経済』[34] 訳一〇一頁）にほかならないので、取引参加者の市場観察像は互いに異なっていると同時にすべて同じになるのです。「一般的な差異化パラドックスの再定式化・操作可能化」とはひどくむずかしい言い方ですが、そのなかみはすでに**第3章**でほぼ確認ずみの事柄なので、そちらをふりかえりながらかみくだいて説明しましょう。

玩具争奪戦のあとのバザーにふたりの子供が親をともなわずにやってきた場面（**3―3**）を思い

だしてください。ダンプカーには二〇〇円という売値がついていました。この二〇〇円は裕君にとっても、剛君にとっても、そのほかの誰にとっても百円硬貨二枚で支払える価格です。ところが裕君にとって二〇〇円は自分の欲求と財布のなかみに照らして払える（払ってもよい）いわばリーズナブルな価格でしたが、のどがかわいてまずはジュースを買いたい剛君にとっては「痛い価格」でした。同一価格二〇〇円をめぐって〝リーズナブル〟と〝痛い〟（あるいは裕君と剛君）の差異がはっきりあらわれるというわけです。これを「誰にとっても同じ価格が、それぞれにとって異なる意味をもつ」と平板に理解したのでは不十分です。「誰にとっても同じであるがゆえに差異をまぎれもなくうかびあがらせる」、この点が肝心なのです。ルーマンは右の「一般的な差異化パラドックスの再定式化・操作可能化」なるものを説明して、「価格が同じであることは、違いを高度に選択的にとらえうるための条件である。人々は価格を同定せねばならぬ。そうすれば同定された価格から、自分がその価格を払う気があるかないか、またその価格で生産できるか否か、あるいは他者がその価格を支払うだろうか否か、またその価格で生産できるか否か、を読み取れる（＝観察できる）のである」（『社会の経済』[34]訳一〇一頁。〔　〕内は引用者の補足）といっていますが、要するに、価格は同じであることによって差異を目に見える操作可能なものにするはたらきをもっている、ということなのです。

　価格のこのはたらきを取り入れて、市場もまた「同じであると同時に異なっている」という性格を帯びます。すなわち、市場がすべての取引参加者にとって同じであるとは、すべての取引参加者が共通のシグナルである価格——それが実際に支払われた価格（第３章の用語では「支払い実現価格」）であろうと、想定された価格（「支払い予期価格」）であろうと——にもとづいて自己の取引（売買）可能性を観察することを意味します。しかし同一価格、たとえば現行価格にもとづいて取引可能性を観察していても、いやむしろ同一価格にもとづいて観察しているからこそ、第８章で「時間・事象・社会の三次元における一般化」の図式に沿って例示したように、各取引参加者の観察像は各自の抱えるありとあらゆる個別事情や各自をとりまくありとあらゆる環境要因が複雑にからみあうその状況の差異を明瞭に映しだすのです。

９―２　経済システムの自己観察像としての市場

ルーマンの理論では、経済システムは支払いが支払いを自己再生産していくそのオートポイエティックな作動の総体ととらえられていましたから（第１章参照）、売り手・買い手の市場観察の核心にある「一定の価格で支払いがなされるのかなされないのかの観察」は、「経済システムの作動の観察」といいかえることができます。一方、経済システムは自己準拠の三番目のタイプである「再帰」、すなわち自己観察とその観察（像）への反応を実行するさい、みずからの目をもたぬがゆえに、システムの作動をになう個々の主体、つまり「参加システム」の目を借りざるをえませんでした（１―３参照）。「参加システム」は、租税の支払いや政党・教会等への献金といったケースを別とすれば、おもに取引参加者（売り手・買い手）として経済システムの作動つまり支払いをになひます。以上の点をあわせると、経済システムの自己観察を構成する主要部分は取引参加者の市場観察であることがわかります。そしてここから、「市場は経済システムの自己観察像である」というルーマンの市場論の中心命題が導かれます（『社会の経済』［34］第3章第II節、訳八五―八九頁参照）。

ルーマンにしたがって、参加システム（取引参加者ないし売り手・買い手と読みかえてもかまいません）の目をとおした市場の観察を経済システムの「自己観察」とみなすならば、その自己観察の根底には**第1章**で「再帰」の説明のさいに述べた「経済システムが作動しつづける」という共有された観測があるはずです（**1―3**参照）。これがなければそもそも貨幣を用いた取引は成り立ちません。この観測を根底にすえたうえで、経済システムの作動の投影である価格および価格変化にかかわる観察（「同じもの」としての市場）を真ん中（芯）にして、そのまわりに各参加システムによる当の価格および価格変化のもとでの各自の取引可能性についての観察（「異なるもの」としての市場）が層状にとりまいているのが、経済システムの自己観察の全体構造です。樹木を模した**図1**でイメージをつかんでください。なお、取引可能性の観察が層状というのは、自己が他者の観察を観察するとか、自己の観察を他者が観察する・それをまた自己が観察するといった多重観察ないし高次の観察を含んでいるからで、これはルーマンがしばしば注意をうながす点でもあります（『社会の経済』［34］訳一〇九―一一二頁）。

参加システムの取引可能性についての観察には、右のように各自の個別事情と環境要因が反映さ

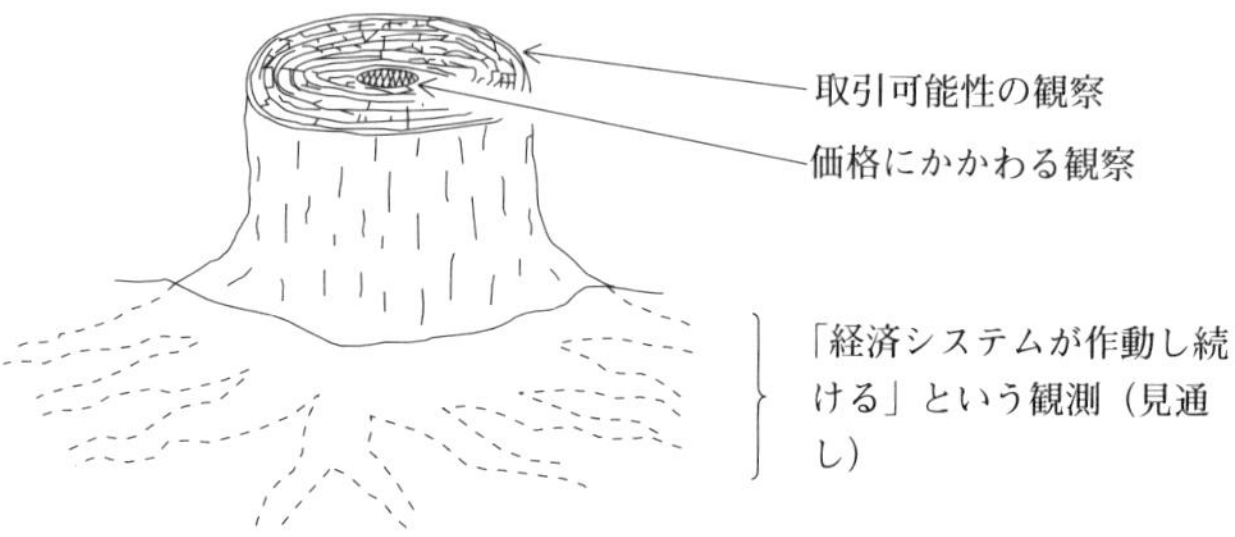

図1　経済システムの自己観察の構造

れますが、参加システムはそもそも経済システムにとっては外部すなわち環境ですから、参加システムの個別事情と環境要因は両者あわさって経済システムの環境全体、すなわち経済システムをとりかこむ世界（Umwelt）のすべて、をカバーすることになります。それゆえ、経済システムの自己観察は自己（＝システム）だけを見ているのではなく、自己（＝システム）と区別された環境をも見ているといわねばなりません。

自己観察は自己準拠のひとつの形式（＝再帰）ですが、それが自己のみならず環境をも視野に入れるとすれば、そのかぎりで自己準拠は他者準拠をともなうことになります。じっさい「閉じたシステムは開いたシステムとしてのみ可能であり、自己準拠は他者準拠と組み合わさった形でのみ現われる」（『社会の経済』[34] 訳三頁）のであって、自己以外の何ものにも拠らないという意味での純粋の自己準拠はトートロジーでしかありません。一般に社会システムにおける自己準拠は他者準拠をともなうことで、トートロジーから逃れうるのです。この「純粋の自己準拠」と「他者準拠をともなう自己準拠」の区別は、本章の主題にとって非常に重要な意味をもちます。

9—3　市場社会の観察

以上ふたつの節をあわせ本書でこれまで紹介してきたルーマン流の社会（全体社会）、経済（経済システム）、市場のとらえ方は、現にある「市場経済」や「市場社会」を眺めるさいの理論的な観察装置となります。そしてこの装置で観察すると、ひとつの大きなトレンドないし遷移がうかびあってきます。すなわち、経済システムの準拠形式が「他者準拠をともなう自己準拠」から「純粋自己準拠」へと移行しつつあり、さらにその先に「純粋他者準拠」という破滅的形式が待ち受けている様子なのです。

ここで注意すべきは、ルーマンが「市場経済の反対概念は、計画経済でも国家活動でもなく、生存維持経済である」（『社会の経済』[34] 訳九〇頁）とか、「中央計画経済もまた市場経済なのである」（『社会の経済』[34] 訳九七頁）といっている点です。生存維持経済とは要するに、貨幣を用いた財の交換がみられない自給自足を基本とする経済のことで、そこには右の意味での観察像としての市場が存在しませんから、たしかに市場経済の反対概念になっています。一方、計画経済においては、それが貨幣および価格を完全に廃止してしまわないかぎり、取引可能性の観察に価格（それがどのようにして成立したにせよ）がかかわりますから、曲がりなりにも市場は存在します。ただそのばあい、観察像に反映される各自の個別事情と環境要因は非計画経済とは大いに異なるものとなるでしょう。たとえば買い手の取引可能性の観察は、非計画経済ではほとんどあるいはまったく問題にならない配給切符の割当枚数、コネ、政党所属や政治的地位、不法ないし不正にたいする感覚といった要因に左右されると思われます。

市場経済にかんするルーマンの一見したところ意表をつく理解は、彼自身は意図しなかったでしょうが、いわゆる「市場原理主義」の信奉者にとっては手痛い理論的打撃になります。というのも、市場原理主義をおし進めたとき、そのいきつく先は、経済の「純粋他者準拠化」であり、そこには計画経済が遺骸をさらしているからです。経済に参加する者はすべて「市場の命ずるところ」にしたがうべきであり、市場における自由な競争なくして経済・社会の繁栄はありえないと主張する「市場原理主義」の論調は、わが国において、二〇〇一年九月の同時多発テロにおりからのアメリカ経済のかげりも加わっていくぶんトーンダウンしたかにもみえますが、社会主義の崩壊とその後の世界経済情勢にあおられて一時は大合唱の観を呈していました。市場開放・民営化・規制緩和といったスローガンになびかない者は白い目で見られるほどの勢いでした。けれども、支配的論調を裏づけるたしかな理論があるわけではなく、突き詰めれば（たまたま）アメリカでうまくいっている（かに見える）からわが国でもとりいれるべきだ、と主張しているのと大差ありません。土壌も気候も異なるところへ移植して花開く保証はないにもかかわらずです。この点については、ルトワク（Edward Luttwak, 1942-）による『ターボ資本主義』（[37]）のとくに第1章の的確な指摘を想起すべきと思われます。もしこのままわが国で市場原理主義をおし進めたら、計画経済の轍を踏むことになる。自己準拠的システムの理論が教えるこの帰結を説明するには、現実の市場経済のたどってきた道筋を少しさかのぼる必要があるでしょう。そのための格好の道案内となるのが佐伯啓思氏の市場社会批判の書『現代社会論』（[51]）です。

『現代社会論』のなかでとくに目下の議論にとって示唆的なのは、その第五章で展開されている自己調整的市場・自己組織的市場・自己生成的市場という市場の性格区分です。このうち自己調整的市場とは、先進資本主義諸国で一九六〇年代頃まで実際に機能していたと考えられる市場の理論的描写であり、経済諸変数間の安定した「メカニズムによって人々の利害が自動的に調整され、資源配分がうまくゆく市場」（[51]二一三頁）をさしています。そのさい重要なのは「安定したメカニズム」を支える安定した制度や価値、いいかえると安定した社会の構造であり、一九六〇年代までの先進諸国でいえばパクス・アメリカーナ、ブレトン・ウッズ体制、ケインズ的マクロ経済政策などがそうした構造の外縁をなしていました。カール・ポラニーが「社会の桎梏を断ち切った市場」にあたえた「自己調整的市場」という名称が、佐伯氏の用語法では「社会に係留された市場」を意味していることに注意しましょう（ポラニー『大転換』[47]第6章「自己調整的市場と擬制商品」参照）。

ところが一九七〇年代から一九八〇年代にかけて、市場を社会につなぎとめていた鎖が腐食しゆるんできました。つまり「〈自己調整的市場〉のメカニズムを支えてきた「構造」が崩壊とまではいかずとも急速にゆらいできた」（[51]二二〇頁）のです。具体的には、変動相場制への移行、石油危機、ポスト・モダン思潮などが構造をゆるがせる大きな要因となりました。市場はもはやみずからの外部にたしかなよりどころ――それが政策上のものであれ倫理上のものであれ――を見いだせなくなり、自己自身についての理論やイメージに準拠し始めます。この理論やイメージはそれ自体が曖昧かつ流動的で偶然の産物です。なぜなら、自己がどう動くかが自己自身についての理論やイメージにかかっているというまさにその状況下で、当の理論やイメージは自己がどう動くかを描写せねばならないからです。いまや思いつきのネーミングやキャッチフレーズやスローガン、はては占いのご託宣までもが堂々「理論」を名のることができるのです。かくして「『構造』が崩れた時、市場は、『構造』によってではなく、自らのやり方で自らを組織せざるを得ない。市場をとりまく不確かさを自ら制御せざるを得ない。その時、市場は『自己組織的』とならざるを得ない」（[51]二三三頁）ということになるのです。

一九七〇年代後半あたりからの市場経済の変質は、自己調整的市場から自己組織的市場への転換としてとらえられるというのが佐伯氏の観察結果ですが、自己組織への転換を秩序の喪失とみるか自由の獲得とみるかで、市場社会の展望は決定的に異なってきます。レーガンやサッチャーの名と結びつく（俗流？）新自由主義の見方はいうまでもなく後者であり、昨今の支配的思潮もこれにつながっています。「構造」の桎梏を脱して自由を獲得した「〈自己組織的市場〉は、この『構造』を否定することによって、いわば市場に主権を与え」、「貨幣と等価交換される商品と情報の流通によって、社会のあらゆる局面を組織しようとする」（[51]二五一頁）のです。一方、自己組織への転換を秩序の喪失とみる佐伯氏は、ハイエクの「自生的秩序」を体現した自己生成的市場というプロトタイプを自己組織的市場に対峙させます。ハイエクによれば市場秩序（カタラクシー catallaxy）とは、市場において「所有権と不法行為と契約についての法のルールの範囲内で」行為する人々が、意図せざるかたちでつくりだす秩序のことです。この秩序は各人に「自分の目的のために自分の知識を用いることが許されている」という意味での「自由」をもたらすとともに、多数の個人のあいだに分散している「ある時と場所における特定の状況についての知識」を効果的に活用して諸個人の行為を調和させます（ハイエク『個人主義と経済秩序』[13]Ⅳ「社会における知識の利用」、『法と立法と自由Ⅱ』[15]第10章「市場秩序またはカタラクシー」参照）。佐伯氏はハイエクのいうカタラクシーを自己生成的市場と呼び、「それは、あちこちに散らばる無数の『知識』……に基づく無数のミクロな活動によって生成したものであり、この無数の活動を調整するものは、やはり歴史的に生成したいくつかの基本的で抽象的なルールである」（[51]二四五頁）と性格づけます。自己生成的市場は少なくともルールの存在と遵守というかたちの「構造」の上に成り立っているのであり、「構造」を脱して勝手気ままに浮遊し、ついには「市場の根幹にあるものも市場的原則のもとに置き、社会そのものを市場の原則によって組織化しようとする」（[51]二四九頁）自己組織的市場とは別物です。

自己調整的市場や自己組織的市場は市場の現実の姿を描写したものでしたが、自己生成的市場はいわば「期待を負った市場像」です。すなわち、ハイエクは設計主義に反対する立場からもっぱら市場の自生的秩序の「功績」を讃え、佐伯氏は市場の秩序破壊から社会を守るべく、「〈自己生成的市場〉は、文化や価値の領域の中に容易には商品化できないひとつの世界を残しておく」（[51]二四九頁）と期待するのです。しかし、自生的秩序がつねに好ましい結果をもたらすとはかぎりませんし、文化や価値を保存してくれるたしかな見込みもありません。要するに自己生成的市場は、功罪あわせもつはずの自生的市場秩序（カタラクシー）の功の面だけを切り取ってつくられたひとつの理想像であり、そこにはハイエクの思い入れが転写されてはいるものの、市場のプロトタイプといえるかどうかは疑問です。このことは、右のハイエクの市場秩序（カタラクシー）および佐伯氏の自己生成的市場の説明と、ルーマン流の観察像としての市場概念を突き合わせるとはっきりします。分散した知識の持ち主である多数の個人（＝売り手・買い手）の活動から市場が生成されるという点では、ハイエク＝佐伯の市場観とルーマンのそれは基本的なところで一致しています。しかし、ルーマンにとって市場の背後にあるルールは織り込みずみと思われるにもかかわらず、彼は調和とか秩序とかいったことばは口にしません。彼にいわせれば市場が調和ないし秩序をもたらすかどうかは条件次第（コンティンジェント kontingent）であり、調和や秩序は「ありそうもない」（unwahrscheinlich）ことなのです。ルールはひとつの条件かもしれませんが、ありそうもない調和や秩序が実現するにはほかにもおおくの条件がそろわねばなりません。ハイエクも佐伯氏も期待に引っ張られてその点をはしょってしまったのかもしれません。

ともあれ、社会の「制度や価値」あるいは「構造」と関連づけた佐伯氏の市場様相論は、市場ないし経済システムの準拠形式の遷移を分析するさい有力な素材になりそうです。以下の9—4と9—5では、この素材をルーマンの市場論と関連づけながら私自身による市場社会の観察をこころみようと思います。

9—4　自己準拠の変質

9—2の最後にふれた「純粋自己準拠」と「他者準拠をともなう自己準拠」の区別にたちかえりましょう。経済システムのレベルでみれば、両者の区別は経済システムがシステム内的データとしての価格および価格変化（これは、すべての取引参加者に共有される市場観察像となる）だけに頼って作動するのか、システムの環境に属する事柄の反映（これは、取引参加者ごとに異なる市場観察像の集合としてあたえられる）をも参照するのか、という違いに対応しています。この点をルーマンの議論の帰結として確認したうえで、「純粋自己準拠」と「他者準拠をともなう自己準拠」の関係を白か黒かのごとき二項対立としてではなく、後者の極限ケースが前者であると考えることにします。これはルーマンの考え方とも合致します（『社会システム理論』[33] 訳八五〇頁）。わかりやすい例をあげるなら、沼に落ちた「ほらふき男爵」ことミュンヒハウゼン男爵は、はじめから自分の髪をつかんだのではなく、何かほかのものをつかもうとしたのだが結局自分の髪しかつかむものがなかったと考えるのです。そうすると、佐伯氏のいう「自己調整的市場」は（極限ではない）ノーマルな「他者準拠をともなう自己準拠」にもとづいて作動する経済システムの実例であり、「自己組織的市場」は「純粋自己準拠」にもとづく経済システムに近い姿であると、それぞれみることができます。自己調整的市場のメカニズムを支えていた「構造」は、「他者準拠をともなう自己準拠」における「他者」ないし「システムの環境」に相当し、「構造の崩壊」は「準拠すべき他者の萎縮」を意味します。もし準拠すべき他者が完全に消滅してしまえば、「純粋自己準拠」そのものとなり、自分の髪をつかんでも沼からはいだせないのと同じく、システムは作動不能となります。

自己調整的市場から自己組織的市場への移行、いいかえると「他者準拠をともなう自己準拠」の「純粋自己準拠」への漸近を、経済システムの参加システムのレベルで眺めると、取引参加者の価格および価格変化にかかわる観察、したがってまた、その観察に反応して生じる彼らの取引行動が、次第に経済システム外（＝環境）の事態との関連を失っていく過程として描かれるでしょう。このプロセスがもっとも早く進むのは金融市場であると考えられます。そもそも、経済「システムの環境」には金融市場にとってよりどころとなるもの、とりわけ他の市場のばあいの欲求や商品にかんする知識に相当するものが欠けてい」ます。「かりに飲料市場をとれば、そこでは少なくとも、渇きとは何であり、それがどのようにして癒されるのか、どれくらい時間がたつとまたのどが渇いてくるのか、それはどの程度天候に依存しているのか、……を知りうるのに対し、金融市場はこうした直接的な他者準拠なしにやっていかねばならない」（『社会の経済』［34］訳一〇七頁）のです。「金融市場は、もしそう言ってよいなら、経済システムの自家市場として存在するのであり、……この市場の作動は他のどの市場のそれにも増して自己準拠的に決められている」(『社会の経済』[34] 訳一〇六—一〇七頁) のです。本来準拠すべき他者をもたない金融市場をこれまでおもに支えてきたのは、中央銀行の制度でした。中央銀行は政府との結びつきを強めることで佐伯氏のいう「構造」になっていたのです。しかし、政府との関係を外して中央銀行に期待しうることといえば、中央銀行—市中銀行という銀行組織の階層化を通じて、金融市場の純粋自己準拠性を見えにくくするはたらきだけです(『社会の経済』[34] 訳一〇八頁、M・アグリエッタとA・オルレアン『貨幣の暴力』[1] 訳三二〇頁)。その意味で中央銀行の制度はもともと「仮構としての他者」でしかなかったのです。中央銀行の政府からの独立をうながす近年の動きは、この仮構性をあばきださずにはおかないでしょう。加えて、取引参加者の目から見て、金融の国際化・グローバル化とともに中央銀行の力量 (competence) が低下したり、政策の失敗によって権威や信頼がそこなわれたりするなら、金融市場における取引行動は次第に中央銀行の観察に頼る度合いを弱め、ほかの「仮構の他者」へと準拠点を移すにちがいありません。そしてあらたにさがしだされた「仮構の他者」は、金融市場にとどまらず全市場を「他者準拠をともなう自己準拠」から「純粋自己準拠」へと駆り立てる勢いをもっているのです。

9―5　自己イメージという仮構

佐伯氏は、「構造」を失った社会は「構造」を擬装せざるをえず、市場経済の活動は自己自身についての理論やイメージに準拠するようになると、市場の自己組織化傾向を指摘しましたが、この「擬装された構造」こそ、右で「仮構の他者」と呼んだものであり、自己自身についての理論やイメージは、一九七〇年代後半から台頭してきた「仮構の他者」にほかならないのです。経済システム自身についての理論やイメージには、経済理論や計量モデルのみならず、経済にかんする感覚的評論や非科学的予言やマスコミ報道、さらには模倣対象としての他国の経済――取引参加者のレベルでは、模倣相手としての他者（社）――までもが含まれえます。ちなみに、何かにつけてアメリカ（のみ）を比較対象として日本を論じるのは戦後に特徴的な傾向ですが、最近では前述の市場原理主義のようにほとんど理由抜きで「アメリカにならえ」と主張しても、疑義をただす声はめったに聞かれなくなっています。経済（のみならず全体社会）システムの純粋自己準拠化ひいては自己放棄＝純粋他者準拠化のあらわれといえそうです。

これらの理論・イメージ（以下、「自己イメージ」と呼びます）のなかには、経済システムの環境の観察を反映したものがあるかもしれませんが、その観察は経済システム自身つまり取引参加者自身による観察ではなく、他のシステム（たとえば学問システム）ないし部外者による観察です。したがって、価格情報と自己イメージのみを拠り所として作動する経済システム（自己組織的市場）は、みずからの目をとおしたみずからの環境の直接的観察を含んでいないがゆえに、純粋自己準拠的なシステムの変種とみるべきでしょう。このようなシステムにおける取引参加者は、もっぱら付和雷同するのみでみずから環境をじかに観察し分析・評価することがありません。彼らの行動は、まったくの偶然（たとえば大臣の失言）によって、あるいは外部からの意図的な情報操作によって、一斉に同じ方向に流れがちです。この意味で純粋自己準拠は、自己放棄つまり純粋他者準拠（「すべて他者まかせ」ないし「他者のいいなり」）に転化する傾向を宿しているといえるでしょう。そうであればわれわれは、次のように自問してみる必要があります。すなわち、「市場の命ずるところにのみしたがえ」という最近のあいことばは、経済システムの自主性・自律性を尊重するかに聞こえるが、その実、ほかの何者か（この「ほかの何者か」にはもちろん政治システムも含まれます）への完全従属に道を開くものではないのか、と。佐伯氏は自己組織的市場のダイナミクスをとらえて、「市場の根幹にあるものも市場的原則のもとに置き、社会そのものを市場の原則によって組織化しようとする」と述べましたが、観察をここで終わらせてはならないでしょう。自己組織的市場の遷移劇には、〈他者準拠をともなう自己準拠〉➡〈純粋自己準拠〉という漸次的移行につづいて、〈純粋自己準拠〉➡〈純粋他者準拠〉というカタストロフィが用意されているのであり、われわれは劇の最後まで見とどけなくてはなりません。

自己組織的市場がカタストロフィにいきつくのを阻止することは、はたして可能なのでしょうか。

ハイエクや佐伯氏ならきっと自生的秩序に望みを託すにちがいありません。しかし、自己組織的市場の段階にいたってなお自生的秩序が期待どおりの好ましい結果をもたらすとは思えません。なぜならこの段階の市場参加者は、経済システム内的データとしての価格情報とせいぜい経済システムの自己イメージを観察するだけで、もはやみずからの目で自分自身とみずからの環境を直接観察することはないからです。人間の知識の限界を強調するハイエクとて、こうしたいわば視野狭窄におちいり自己反省を忘れた人間のつくりだすカタラクシーには留保をつけざるをえないでしょう。月並みかもしれませんが、目下なによりも急がれるのは、市場参加者の観察力の回復、すなわち個々の市場参加者による自己と自己の環境の直接観察を取り戻すこと、なのです。いいかえると、市場の自己準拠を「純粋自己準拠」から「他者準拠をともなう自己準拠」へと押し戻すことこそが、まず必要とされているのです。自生的秩序に期待するとしても、市場参加者の「やまい」が癒えたのちの話となります。

第10章　「仮構の他者」としての貨幣

10―1　芸術の自己準拠・世界社会の自己準拠

ルーマンの社会システム論では経済・法・学問などとならんで芸術もまた全体社会（Gesellschaft）のオートポイエティックな部分システムと考えられています。その芸術のオートポイエシスについて彼はこう述べています。すなわち、「画家は絵を描くさい、何をするのだろうか？　本文を書き始めて、それにあったつづきを考えねばならぬ作家はどのようにして仕事を進めるのだろうか？作曲のさいには、どのような決定がなされるのだろうか？　あらゆるスタイルの問題や質の問題とは無関係に、また芸術作品の種類やジャンルとも無関係に、つねに形式の決定が重要であるように思われる。形式は区別である。すでにあるものは、ふたつの側面、その一方はすでに確定しており他方はこれから仕上げねばならぬというふたつの側面、をもつひとつの形式とみなされる。絵を描くべきカンバスが用意されたというのでもかまわないが、とにかく制作活動がすでに始まっているとすれば、その先の決定はすべて、すでにあるものの再描写となり、つけ加えられた形式でふたたび未成の側面、それに手をつけることが再度すでに確定したものの再描写となるようなもう一方の側面、を再生する。……〔いま述べたようなやり方で〕自分の作品をつくりあげていく作業や、観賞者による作品の形式決定の追体験は、芸術の自己準拠の現実化である」（「芸術の意味と市場の意味――ふたつの自律的システム」『市場と意味』[35]二〇〇頁。〔　〕内は引用者の補足）。引用が少し長くなりましたが、ここで本格的に芸術システムを論じるつもりはありません。最終のこの**第10章**で私は、互いに異質と見えるいくつかのシステムをいわば渡り歩いて、それらのシステムに共通する自己準拠・他者準拠の様態を探りだし、貨幣や経済を理解する新しい手がかりを得たいと思います。芸術のほかにとりあげるのは、人間のコミュニケーションのすべてを包含した「世界社会」（Weltgesellschaft）と、**第5章**で少しふれた「クラ交換」のシステムです。

「世界社会」ということばは初めてでてきましたので説明が必要でしょう。また少し長いのですが、ルーマンは『社会システム理論』のなかで次のようにいっています。「社会（Gesellschaft）は境界をもつひとつのシステムである。この境界は社会が自ら設定したものであり、コミュニケーションをコミュニケーションでないいっさいの事態や出来事から分離している。それゆえこの境界は、領土とか人びとの集団とかにもとづいて確定できるものではない。社会が自分で自分の境界を設定するというこの原理が明瞭なかたちで実現すればするほど、社会はシステムとしての分化の度合いを強め、社会の境界は血統・山・海といった自然のメルクマールに依拠しなくなる。そしてこのような進化の結果として、ついにはただひとつの社会しか存在しなくなる。すなわち、あらゆるコミュニケーションを取り込むと同時にコミュニケーションでないものはいっさい含まず、そのことによって完全に一義的な境界をもつ世界社会である」（『社会システム理論』[33] 訳七四六頁。ただし訳文は引用者のもの。また傍点は引用者による付加）。引用文中の「進化」をいわゆるグローバリゼーション、「世界社会」をグローバル社会とでも読み替えれば、ルーマンがけっして現実から遊離した理論をこねまわしているのではないことに気づいていただけるでしょう。

さて、この世界社会はあらゆるコミュニケーションをみずからのうちに取りこんでいますから、それがいかに作動（＝コミュニケーション）するかを決めるにさいして、手本あるいは他山の石となる（つまり準拠すべき）コミュニケーションはシステムの外部には存在しません。とすれば、右で芸術家の制作過程についていわれたのと同じ自己準拠の様態をとらざるをえないでしょう。すなわち、みずからのすでに完了した作動（＝過去のコミュニケーション）を参照しつつ先々の作動を決め実行していくしかないでしょう。しかし、ルーマンがくりかえし強調するように「他者準拠なしには自己準拠はありえない。なぜなら〝自己〟は、何か他のものと区別してはじめてそれと指し示されうるからである」というのであれば、「いかなる形式で芸術〔や世界社会〕に必須の他者準拠は実現されるのだろうか」（『市場と意味』[35] 二〇〇―二〇一頁。〔 〕内は引用者の追加）と問われねばなりません。

10―2 芸術の他者準拠・世界社会の他者準拠

芸術のばあいにすぐ思いつくのは模倣とか写実といった他者準拠様式（芸術の外部にあるものをまねたり写したりする）ですが、ルーマンはこれらはやりすたりのある様式よりも、時代を超えてつねに放棄できないものとしてある他者準拠様式に注意をうながします。すなわち虚構のリアリティへの準拠です。芸術作品がリアルなリアリティに特有の「硬さ」や「平凡さ」を脱して、「軽やかさ」や「我の強さ」あるいは穏やかな言い方で「美しさ」をもつとすれば、それらは当の作品が虚構のリアリティに準拠しているからにほかならないとルーマンは考えます（[35]二〇一頁）。わかりやすい例として、ピカソや岡本太郎、ないしはゴッホや棟方志功、あるいはムンクでもダリでもよいのですが、彼らの（専門家ではなく一般のひとの目から見て）典型的な絵を思い浮かべてください。それら「我の強い」絵が外界の対象をそのまま写していない（ルーマンのことばでいえば、リアルなリアリティに直接準拠していない）ことは明らかです。さりとて準拠すべき他者をもたない純粋自己準拠は不可能ですから、あとは外界（リアルなリアリティ）と作品のあいだに準拠すべき何らかの他者があると想定するほかないわけです。この想定された他者こそルーマンのいう「虚構のリアリティ」なのです。虚構のリアリティの存在は作品から間接的にうかがい知れるにすぎず、具体的にどんなものかと問われてもおそらく答えようがないでしょう。ここまできて、**第9章**の市場の自己準拠の話との符合に気づいた方もいるはずです。「自己組織的市場」で特徴づけられる一九七〇年代後半以降の市場経済が準拠してきた「仮構の他者」は、リアルなリアリティへの準拠を失ったシステムを支えるという点で、芸術のばあいの「虚構のリアリティ」と同じはたらきをしています（ルーマンのことばでいえば「機能的に等価」です）。市場経済のばあいの「仮構の他者」には、中央銀行の制度のようにシステムの維持に貢献するものもある一方、「自己イメージ」のようにシステムの存続を危うくするものもあります（9—5参照）。同様に「虚構のリアリティ」は芸術をより豊かにする面をもつ一方、度が過ぎると芸術の破壊になりかねません。

深入りしないといいつつ、またしても芸術の話が長くなりましたが、「いかなる形式で芸術に必須の他者準拠は実現されるのだろうか」という問いにたいするルーマン自身の答えをみたところで本題の世界社会に戻りましょう。世界社会のばあいに他者準拠はどのようなかたちをとるのでしょうか。世界社会はコミュニケーションの自己準拠的システムですが、コミュニケーション以外のもの、たとえば自然現象や物理的対象がコミュニケーションのテーマになるケースは多々ありますから、その意味での他者準拠（システムの外部＝環境の参照）は芸術のばあいの写実や模倣と似てありふれたものです。これらはルーマンのいうリアルなリアリティへの他者準拠です。しかし、リアルなリアリティのみを参照する芸術がその「硬さ」や「平凡さ」ゆえに芸術として物足らないのと同様、テーマ上の外部参照以外の他者準拠をもたない世界社会もまた円滑に作動しないおそれがあります。なるほどテーマはシステム外から得られたかもしれませんが、そのテーマについてどうコミュニケーションするかとなると、外部に参照すべきものはまったくないからです。

社会が世界社会（グローバル社会）以前の進化段階にあった時代には、たとえば他の国や他の民族を文字どおり「他者」として、そこでのコミュニケーションを参照することが他者準拠になりえました。理論的には（全体）社会（Gesellschaft）はすべてのコミュニケーションを包含するシステムですが（1―2参照）、実際のとりあつかいとしては「すべての」の前に「一国の領土内でおこなわれる」といった限定を設けても、それなりに意味があったのです。その証拠にたとえば、国内でおこなわれたすべての支払い（＝経済的コミュニケーション）の代理指標ともいえる「国内総生産（ＧＤＰ）」の動向は、こんにちなお自国のみならず外国にとっても重要な関心事でありつづけています。将来、多国籍いや無国籍企業がこれまた無国籍なグローバル市場で自由に活動する完全なグローバル経済が実現するなら、ＧＤＰや国民経済計算が意義を失うであろうことは容易に想像できます。政治の領域でも、東西冷戦時代には東は西、西は東という大いなる「他者」を参照しながらそれぞれの政治システムが作動してきましたが、いまや世界のほぼすべての国を包含する世界政治システムとその外側に取り残されたあまりにも小さい「他者」という構図ができあがりつつあるように思われます。

コミュニケーションそのものにかんして参照すべき「他者」をもたない世界社会は、純粋自己準拠つまり作動不能におちいるのを避けようとすれば、芸術のばあいの「虚構のリアリティ」に相当するものを求めざるをえないでしょう。私見では現在の世界政治システムと世界経済システム（グローバル経済）において「虚構のリアリティ」の役をになっているのは「アメリカ」です。「虚構のリアリティ」のかわりに「牽引役」といいかえれば、おそらく大多数の賛同を得られるでしょうが、それでは肝心の図式がぼやけてしまいます。「虚構のリアリティ」は、自己準拠的システムがみずからの作動のよりどころとすべくみずからつくりだした「仮構の他者」であり、それに準拠することでシステムが円滑に作動するかどうかはまさに状況次第（contingent）なのです。先にふれたように、みずから（＝自己準拠的システム）の存続を危うくするケースもありえます。「アメリカ」を「仮構の他者」とする世界社会のシステムはこのまま作動しつづけるのか、あるいはいつか役の交代が起こるのかなどなど、グローバル社会にかんする予測や予言はここでの私の任ではありません。そもそも、「アメリカ」という「虚構のリアリティ」に依拠して描かれてきた絵は「美しさ」を主張しうるものなのか、これもまた他に譲らざるをえない大きなテーマです。ひとまずは広げすぎた風呂敷をたたみ、本来のテーマである貨幣の世界に戻って、そして時間軸の上でもいったん過去にさかのぼって、「クラ交換」のシステムをのぞいてみることにしましょう。

10—3　貨幣と交換

貨幣がどのようにして生まれたのかという起源の問題は古くから論じられていますが、個々人の交換から説き起こす議論はメンガー（Carl Menger, 1840-1921）やマルクスに典型的にみられるように、論点先取ないし循環論法におちいる運命にあるようです〔くわしくは吉沢英成『貨幣と象徴』［60］八四―八九頁を参照してください〕。とはいえ、貨幣がいまや財の交換を媒介する不可欠の存在であることは誰もが認めるでしょう。いったいどうやって貨幣と交換は結びついたのでしょうか。この点にかんしてたちもどるべきは、3―1および6―1で言及した吉沢英成氏の貨幣論です。

吉沢氏はレヴィ＝ストロース（Claude Lévi-Strauss, 1908‐）のシンボル体系論などを手がかりにして独自の理解に到達します。すなわち、「商品世界や言語世界、あるいはおそらくは世界と呼ぶにふさわしいひとつの次元を画しうる領域、これらすべてに通ずる、最も単純な型〔＝原型〕は、全体を体現する中心という要素をもっている。……部分が部分となるためには全体のなかに位置づけられなければならない。……中心は部分、部分を〔全体のなかに〕位置づけ、部分と部分を中心を介して関係づけるという意味で、部分を生成せしめる。……財の領域でも個々の財を財とするのは全体のなかでの意味づけに拠っており、中心項との関係で部分とされ財とされる。つまりこうしたことは〔右でいう〕原型の財次元でのあらわれである。この次元での中心項が貨幣である」（『貨幣と象徴』［60］一一四―一一五頁、一一七頁。〔 〕内は引用者の補足）というものです。そしてこのあとに第3章の冒頭で財の定義にかかわって引用した文章がつづくわけですが、ここでのわれわれの議論にとって決定的に重要なのはさらにそのあとです。「貨幣が原型の中で規定されることになれば、もはや貨幣は生成するものでもないし、発明されるものでもない。貨幣を中心項とする原型のなかで、われわれは物質代謝を遂行しているのだ。その原型はすでに与えられている。諸状況のなかで人間のなすことは、この貨幣の項にどのような観念を埋めこみ、どのような素材をあてはめるか、中心のもつ空白・余剰、「意味の貯蔵庫」からどのような意味をひきだすか（＝貨幣の機能）であろう。……貨幣が財を素材とする象徴（シンボル）体系をつくるのであり、……財の交換が貨幣を生みだすので、もない。物々交換においても、必ずや貨幣観念が巡っているはずである」（[60]一一七―一一八頁。（　）内および傍点は引用者の補足）。

人類学的知見を背景にもつこの吉沢説のポイントは、貨幣の観念がまずあってそれを中心にして財の世界が構成されるとともに、同じ貨幣観念を共有するひとびとのあいだに財の交換が生まれる、と考えるところにあります。前半は**第3章**ですでにふれましたが、いま注目すべきは後半部分の（交換が貨幣を、ではなく）貨幣が交換を生みだすという理解です。**5―3**で紹介した「クラ交換」を思い起こしてください。腕輪と首飾り（両者の総称が「ヴァイグア Vaygu'a」です）が互いに反対向きにグルグルまわるクラ交換には、一見すると経済的な意味はないようですが、ヴァイグアの循環はひとびとの結びつき、ひとびとのあいだの信頼を確認するプロセスになっていると同時に、結びつき・信頼が確認されることによってヴァイグアは循環するという自己準拠的関係がみられます。吉沢氏が「ヴァイグアの移転が『友情と信頼の絆』を創りだすのではない。ヴァイグアとそれに対する観念が絆そのものなのだ。そしてその観念そのものがヴァイグアを移転させるのだ」（[60]一二七頁）というときさしているのもほぼ同じ事柄でしょう。この自己準拠的循環はどこかで見たような気がします。そう、**第1章**の最後にでてきた左記の循環です。

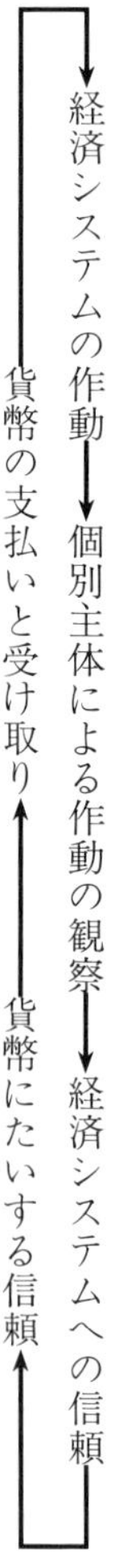

ここでいきなり、経済システムをクラ交換システム、貨幣をヴァイグアと読み替えるのは乱暴すぎるでしょう。現代人の目から見れば奇異に映るかもしれませんが、ヴァイグアは貨幣として交換を媒介すると同時に交換される財そのものなのです。したがって、クラ交換では貨幣の支払いは同時に財の引き渡しであり、財の引き渡しであるからこそ、受け取った方は支払い＝返礼の義務を負うわけです。こう考えると、クラ交換のばあいには「貨幣が交換を生みだす」という先の表現は不適切で、「貨幣と交換は同時的相関的関係にある」というべきかもしれません。吉沢氏は一般的に「貨幣的観念は……交換、商品を支える相互作用の観念とともにア・プリオリに並存したものである」（『貨幣と象徴』[60]一四三頁）とみています。

10―4　「仮構の他者」としての貨幣

先の8―4で北西部アメリカ・インディアンの贈答戦「ポトラッチ」にふれ、これがけっしてわれわれとは無縁の奇習などではなく、現代社会においてより広範囲かつ大規模に観察される過剰処理の様式に通じるものであることを示唆しました。10—3でとりあげたクラ交換もまた、機能的に分化したわれわれの社会の経済システムとは異質の、未開人の風変わりな一交易様式とみなされそうな気配です。しかしこの原始的様式は、現代の経済システムを特徴づける自己準拠性をすでにあらわしているのです。

「ヴァイグアの循環はひとびとの結びつき、ひとびとのあいだの信頼を確認するプロセスになっていると同時に、結びつき・信頼が確認されることによってヴァイグアは循環するという自己準拠的関係がみられる」と10—3でいいましたが、クラのシステムが存続するためにはヴァイグアは絶えず循環していなくてはなりません。あるいは、ヴァイグアが循環しているという事実がクラのシステムを環境から区別するのです（1—2の冒頭を参照してください）。それゆえ、ヴァイグアを長いあいだ保有することは貨幣の退蔵と同じくシステムの存続を危うくします。じっさい「クラ圏のなかにある男は、財宝（＝ヴァイグア）をまず一、二年以上は保有することがない。このくらいの期間、手もとに置くだけでも、欲が深いといって非難され、『のろい』とか『がめつい』とかいう悪評をたてられる地区もある」（マリノフスキー『西太平洋の遠洋航海者』[38] 訳一五九頁。〔　〕内は引用者の補足）のです。こうしてみると、ヴァイグアは経済システムにおける貨幣と同じはたらきをする「機能的等価物」であることがわかります。注意していただきたいのですが、ヴァイグアと貨幣が機能的に等価だといっても、けっしてヴァイグアが現代の紙幣や硬貨と同じはたらきをしているという意味ではありません。あくまでも、絶えず循環することによってシステムの境界を維持するというそのはたらきにおいて等価なのです。

右にみたように、クラにおいてはコミュニケーションが連鎖的にコミュニケーションを生みだし、そうしたコミュニケーションの連鎖がつづくかぎりで環境とのあいだの境界が維持されますから、クラはメンバー間のコミュニケーションを要素とするオートポイエティック・システム、つまりルーマンのいう社会システムとみなせます（**1—2**参照）。そこで、このクラ・システムが**1—3**で検討した自己準拠の三相をすべて示しているかどうかたしかめておきましょう。まず、クラ・システムの要素はメンバー間のコミュニケーションですから、オートポイエシスの定義に含まれる要素の自己再生産（＝基底的自己準拠）がおこなわれていることは明らかです。次に、コミュニケーションについてコミュニケーションする「過程的自己準拠」は、マリノフスキー自身によって描かれています。すなわち、**第5章**でも引用した「うやうやしく彼（原住民）はそれら（ヴァイグア）の名前を言い、いつだれがそれを身につけたか、どのように所有者が転々と変わってきたか、……などという歴史を語りたがる」（『西太平洋の遠洋航海者』[38] 訳一五四頁。傍点および〔　〕内は引用者の補足）とか、「彼は品物を誇示し、どのようにして入手したか、その後にだれにあげるつもりかを語る」（[38] 訳一五九頁。傍点は引用者の補足）といった記述がそれです。自己準拠の第三のタイプ「再帰」はいささか難物でしたが、要するにシステムがみずからの作動をふりかえって観察し、その観察結果をあとの作動に反映させるということです。経済システムのばあいと同じく、クラ・システム自体が観察する目をもっているわけではありませんから、このシステムの自己観察も個々のメンバーの目をとおしておこなわれざるをえません。では、クラの各メンバーはどのようにしてシステムの作動であるコミュニケーションを観察するのでしょうか。各メンバーが直接かかわるコミュニケーションすなわち各自がその場に居あわせる個別の交換行事については問題ないでしょうが、クラ・システム全体のコミュニケーションを見通すことはできそうにありません。ここにヴァイグアの出番がやってきます。しかしヴァイグアを登場させるには、下準備として「再帰」にかんする理解をもう一段深めておく必要がありそうです。

「再帰」はシステムの自己観察とその観察結果への反応からなる自己準拠形式ですが、これがシステムの円滑な作動につながるためには少なくとも、①システム全体を見通す観察が可能であること、②観察のさい準拠すべき他者（＝環境）があること、のふたつが欠かせないでしょう。友達同士（A・Bの二人）で会話するという簡単なコミュニケーションのシステムを例にとると、相手の応答が聞こえないような状況では二人の会話がスムーズに進行することは望めませんから、①の条件の必要性は明らかです。②の条件は、自己準拠が純粋自己準拠におちいらないためには他者準拠をともなわねばならないという、くりかえし強調した条件です。自己観察のばあいについてもすでに**9—2**でふれています。会話のシステムにおいて、たとえばAが小さな声でBに話しかけたとしましょう。これを観察して適切に（会話システムが壊れないように）反応しようとすれば、BはただAの小声をそれだけ切り取って観察するのでなく、システム外の他者と照らし合わせて（＝他者に準拠して）観察しなくてはなりません。具体的には、会話の一般的なマナーとかAにかんする情報とかが準拠すべき他者となるでしょう。Aは静粛を求められる場所ゆえに小声で話したのかもしれませんし、風邪でのどを痛めているために大きな声がだせなかったのかもしれません。そうした事情をあわせて観察することで、Bは不適切な反応（たとえば、もっと大きな声でと要求する）をせずにすむのです。芸術と世界社会をとりあげた10―2では、「いかにコミュニケーションすべきかにかんして参照しうる他者」の必要性にふれましたが、芸術と世界社会が「再帰」、したがって自己観察を含む自己準拠システムであるかぎり、「いかにコミュニケーションすべきかにかんして参照しうる他者」がここでいう「自己観察のさい準拠すべき他者」とほぼ同じものをさすことは、会話システムの例からも見てとれるでしょう。

さて、ようやくクラ・システムに戻るときが来ました。クラ・システムの自己観察について右の①と②ふたつの条件はみたされているでしょうか。先に②の条件からいきますと、いま述べたように「自己観察のさい準拠すべき他者」は「いかにコミュニケーションすべきかにかんして参照しうる他者」とほぼ同義ですが、クラのばあいにはおそらく、いかにコミュニケーションすべきかはア・プリオリにあたえられていると思われます。とにかくヴァイグアが同じルートをくりかえしまわるという単純なコミュニケーション形式ですから、人為的な不確実性やハプニングが生じる余地は世界社会などと比べればきわめて小さいといえるでしょう。ア・プリオリにあたえられたもの（＝他者）にほとんど無意識に準拠して自己観察がなされ、それにもとづいて反応ないし作動（＝コミュニケーション）も生起する、というのがクラの常態ではなかったでしょうか。システム全体を見通す観察が可能であるという①の条件は、交通・通信手段やマスメディアが高度に発達した世界社会とは対照的に、まずみたされる可能性はありません（クラのメンバーがシステムの全体的輪郭についての知識をもっていないことは、『西太平洋の遠洋航海者』[38]訳一四八頁参照）。となるとクラ・システムは、個々のメンバーの局所的な観察の寄せ集めを自己観察としていわば手探りで作動せざるをえず、システムが円滑に作動しつづける保証はまったくありません。クラ・システムの本質をヴァイグアの交換・循環にあるとするなら、このシステムは「再帰」に求められる条件をみたしえないことになります。しかし、クラはヴァイグアを交換し循環させるためのシステムなのでしょうか。マリノフスキーの著書[38]から読み取れるのは、クラはメンバー間の複合的なコミュニケーションのシステムであって、ヴァイグアの交換・循環はその可視的な部分として人目をひくとはいえ、あくまでもコミュニケーションのもつおおくの面のひとつにとどまる、ということです。私はさらに進んで、ヴァイグアはクラの本質をなす複合的なコミュニケーションの環の全体を可視化するためにシステムが置いた「仮構の他者」であると考えます。すなわち、ヴァイグアを交換し循環させることで、各メンバーはヴァイグアがその来歴の伝承とともに自分のところへまわってきたという事実をもって、クラの環が全体としてうまく作動しつづけている証拠とみなすのです。クラ・システムはこうして右の「再帰」の①の条件をクリアーし、もって自己準拠の三相すべてを示すことになるわけです。「仮構の他者」と呼んだのは、自分で自分の全体を観察できないシステムが自己の全体観察の拠り所としてみずから置いたものという意味です。たとえばなしを使ってもう少しくわしく説明しましょう。自分で自分のからだの全体をくまなく、しかも直接、見るにはどうすればよいでしょうか。答えは、自分の外にでて自分を眺める、です。残念ながらこの可能性はいまのところ（おそらく永遠に）ゼロでしょう。そこで鏡が登場します。しかし、鏡で見ているのは鏡像であって、直接見ていることにはなりません。クラ・システムのヴァイグアはちょうどこの鏡と同じはたらきをしている（機能的に等価）と考えられます。鏡像に相当するものは、来歴の伝承をともなってヴァイグアがいままさにまわってきたという事実です。システム（のメンバー）がシステムの外にでて「他者」としてシステムを観察するかわりに置かれた他者、しかもそれを拠り所として観察されるのは「リアルなリアリティ」ではなく「虚構のリアリティ」である、これがヴァイグアを「仮構の他者」と呼んだゆえんです。

さて、いよいよ物語は大詰めを迎えました。貨幣は、ヴァイグアを実例とするその原型＝原貨幣（Urgeld）において、ひとびとの特定化されない（一般的な）コミュニケーションのシステムが自己観察のために置いた「仮構の他者」にほかならない、というのが私の結論です。生活物資の交換という特定化されたコミュニケーション領域では、原貨幣は次第に現代貨幣にみられるようなもろもろの機能を付与され、時間・事象・社会の三次元で一般化しますが、「仮構の他者」という性格を失うわけではありません。現代の経済は誰もその全貌を見通すことができない大規模で複雑な分業と交換のうえに成り立っています。貨幣はそうした分業と交換のシステムとしての経済がみずからの姿を映しだす鏡なのです。そのときどきの価格や市場の状況が、鏡に映った鏡像つまり「虚構のリアリティ」であることは容易に理解できるでしょう。いやむしろ、貨幣支払いを基本作動とする（ルーマン流の）「経済システム」は、それ自体が「虚構のリアリティ」であるというべきでしょう。『社会の経済』のとくに市場論〔34〕第2章第Ⅶ節および第3章）を読むと、ルーマンもほぼ同様なとらえ方をしていることがわかります。ただ、彼は労働システム論を展開していないため、あと一歩のところで止まってしまったように思えます。**第7章**で私は分業について、それが労働をメディアとするオートポイエティックなコミュニケーション・システム＝労働システムとして全体社会（＝特定化されないあらゆるコミュニケーションから成るシステム）から機能的に分化していることを示しました。この理解を受け入れるなら、ルーマンのいう「経済システム」は、労働（分業）システムが「仮構の他者」つまり貨幣を拠り所としてみずからを眺めた自己観察像ということになります。貨幣という鏡は労働システムの全身を映すには寸足らずなので、労働システムの作動のすべてが経済システムの作動に写しとられるわけではありません。この点は、表現は違いますが**第7章**でも強調したところです。それゆえ、労働システムのうち貨幣の鏡に映る範囲をあらためて「経済」と呼ぶなら、この「経済」こそ、「虚構のリアリティ」としての（ルーマン流の）「経済システム」にたいする「リアルなリアリティ」なのです。

本書が最後に到達したこの地点から何が見えてくるでしょうか。「何も見えてこない」という寒い答えがでないことを祈りますが、少なくとも私の目には、近時の日本社会のゆがみの一端がよりはっきりとした像を結びつつあります。

補論　経済学の理論とルーマン理論

『社会の経済』の冒頭でルーマンは、この研究は「経済学的な理論形成をめざしたものではない」〔[34]訳i頁〕とか、「経済学の理論構成に対する批判ととられてはならない」〔[34]訳v頁〕といった表現で、既存の経済学理論との直接対決を避ける気配を見せています。しかし、「この著作が社会理論的な志向をもっていること、全体を貫く関心が他の機能システムとの比較可能性にあること」を強調し、「このような志向や関心に添おうとすれば、経済学でこんにち通常用いられている数学的な抽象化技法とは著しい対照をなす概念上の抽象化がどうしても必要になる」〔[34]訳iii－iv頁〕と述べるとき、ルーマンの経済学の理論にたいする評価はおのずと明らかではないでしょうか。すなわち、経済学の理論には社会理論的な志向が欠けており、ほかの機能システムとの比較可能性も（まったく）考慮されていない、そうした理論で愛用される数学的技法は（少なくとも）私には使いものにならない、と。じっさい、ルーマンの著作に論理学やサイバネティクスは登場しますが、数学はスペンサー＝ブラウン（G. Spencer-Brown）の論理数学を除いて姿をあらわしません。『社会の経済』執筆のさいルーマンに経済学上のアドバイスをしたディルク・ベッカー（現在ヴィッテン－ヘルデッケ大学教授）も、拙宅に招いたとき、ルーマン理論を数学表現してはというスペインの若い哲学者の提案に、それでは理論のエッセンスがとらえられないだろうと否定的な意見を述べていました。

貨幣・価格・市場といったテーマをとりあげるルーマンの経済システム論に直接対比されうるのは、ミクロ経済学の理論でしょう。私も長年その入門講義を担当してきましたので、ルーマンの社会システム理論がミクロ経済学に何を問いかけているのか、少しふれておこうと思います。もっともきわだつのは、価格のはたらきにかんする認識の違いです。ミクロ経済学では価格はもっぱら需要量と供給量を等しくさせる調整役をになっており、均衡価格に関心が集まります。一方、ルーマン理論では均衡はむしろあってほしくない状態です。価格は絶えず変化する経済システム外の事情をシステム内に反映させるメーターの針のようなものであって、止まることを許されません。「（経済）システムの観察と分析のための適切な準拠点は、『均衡』の理論が示唆するような静止状態への帰還ではなく、システムの構成要素になっている瞬間的な活動――支払いがまさにそれであるが――の絶えざる再生産である」（『社会の経済』[34] 訳五頁）というように、ルーマンにとって「均衡」や「均等」はシステムの作動停止を意味します。「まるでジェット推進原理に従っているかのように前へ前へと駆りたてられ」（[34] 訳一三五頁）ているこんにちの経済・社会では、効用関数にしろ生産関数にしろ刻々変化しているとみるのが現実的でしょう。とすれば、安定的な関数のもとで需要曲線・供給曲線を導き、その交点の均衡価格にいたるというような分析にどれほどの意味があるのでしょうか。売り手も買い手も自己の取引可能性を絶えず観察し、価格に自己と自己をとりまく事情のすべてを投影して実際の取引にのぞみます。そして、そのときどきにあちこちで、それぞれの価格でそれぞれの取引がおこなわれることによって、全体としての需要と供給の差が縮まる方向に進むでしょう。「一物多価」こそが市場の現実であることは、身のまわりを少し眺めただけでも了解できるはずです。

価格のとらえ方の違いは「市場観」の違いにねざしているともいえるでしょう。ミクロ経済学の教科書では「市場」の定義はおおむね一行程度ですますのが習わしのようで、「財・サービスの取引がおこなわれる場」というのがいわば平均的な表現です。「場」のかわりに「過程」や「状況」となっているものもあります。これではつかみどころがないのでもう少し読み進むと、どうやら財の需要全体と供給全体が出会う仮想的な場を市場と呼んでいるらしいことがわかります。さらに進むと、この仮想的な市場に「競売人」(auctioneer) なる者が登場し、「模索」なるプロセスが始まります。このとき、売り手も買い手も全員が一堂に集められています。あるいは全員がパソコンの同一画面を見ています(あの、笠地蔵のじいさまも！)。ひとしきりやりとりがあったのち、「市場価格」なるものが競売人によっておごそかに告げられます。この市場価格で取引するかしないかはすでに申告済みですから、取引しない者は一斉に引き揚げ、あとは残った者たちが粛々と取引を実行するだけです。この光景を理想と見るか空恐ろしいと感じるかは人それぞれでしょう。グローバル経済のもと「市場原理主義」をおし進めようとしているひとたちにとっては、ＩＴの進歩がこうした市場光景を現実のものにしつつあることは、まさに追い風にちがいありません。しかし、その風に乗っていきつく先は本当に理想郷なのでしょうか。

市場経済を、ひとびとの分権的意思決定にもとづいて作動する経済ととらえるなら、右のミクロ経済学的な市場イメージはむしろその対極に近いものです。そこでは取引の自由が大幅に制限されているからです。分権的意思決定というのであれば、個々の売り手・買い手はそのつど自己の判断で自由に取引できなくてはなりません。とすれば、個々の売り手・買い手が自己の取引可能性を観察するその観察像を「市場」とみるルーマン流の市場観のほうが、市場経済の本来の姿にマッチしているといえるのではないでしょうか。そうした市場観をともなってこそ、ルーマンは均衡価格や一物一価といった「ありそうもないもの」に目をくらまされることなく、経済システムにおける価格のはたらきを直視できたのだと思われます。

総じてミクロ経済学のえがく「経済」は、「与件」の変化に反応して動きだし、均衡にいたってふたたび停止する機械にたとえられるでしょう。いわば均衡を創出する機械です。このような機械はその作動様式に着目すればトリヴィアル・マシン（trivial machine＝凡機?）と呼ばれ、産出物（ここでは均衡）に着目すればアロポイエティック・マシン（allopoietic machine＝自分以外のものを創出する機械）と呼ばれます。オートポイエティック・システムのばあい、システムはみずからを構成する要素をみずから再生産し、その自己再生産を通じて境界を維持しますから（1—2参照）、システムの産出物はシステムそれ自体となります。これにたいしてアロポイエティック・マシンの産出物は機械（あるいは機械の作動）それ自体ではなく、何かほかのもの（ここでは均衡）です。したがってアロポイエティック・マシンでは、機械が作動するためには外から刺激ないし力をあたえてやらねばなりません。一方、ルーマンの「経済システム」は、不均衡ないし差異というエネルギーを環境から取りこんだりみずからつくりだしたりして自律的に作動するオートポイエティック・システムでした。そしてそのエネルギーの取りこみないし創出にとって欠かせない媒介装置が貨幣・価格です。とりわけ、市場における売り手と買い手の差異は、財をもつ者（貨幣をもたざる者）と貨幣をもつ者の差異として、経済システムのオートポイエティックな作動の基幹的エネルギー源になっています。

もはやミクロ経済学のこまかいアラ探しなど不要でしょう。何よりも、こういった「経済観」の違いが、各々の理論のもつポテンシャルのはかりしれない差となって、われわれがいずれの方向に進むべきかをおのずとさし示しているからです。

あとがき

私がニクラス・ルーマンの名をはじめて知ってから四半世紀、彼のもとに留学した時からかぞえてもすでに十五年以上たってしまいました。経済学部で学び経済学を講じつつも、過度に数理化し純粋自己準拠におちいってしまったこの学問それ自体を究めることに大きな価値を見いだしえなかった私にとって、ルーマン理論はまさに汲めども尽きぬ知的情熱の泉でありつづけました。そしてそのささやかな証明が本書なのです。文字どおりの小著ではありますが、これまでの研究の主要なかみを集約するとともに、さらに取り組むべき課題を確認するものともなっています。

経済学から「逸脱」したとはいえ、社会科学のなかで経済学を最初に学んだことはよかったと思っています。もしほかの分野から出発していたら、おそらく経済学の放つまばゆい人工光線に目がくらんで、あてもなくさまよっていたでしょう。光源にいたため光を浴びずにすんだわけです。逆説的な意味はともかく、経済という領域は全体社会からの機能分化をもっとも進んだかたちで示しているため、ほかの機能領域（法・政治・教育・芸術・宗教等々）にたいする範例にもなっています。ルーマンが『社会の……』シリーズを『社会の経済』からスタートさせたのも、この点を念頭に置いたうえでのことと推察されます。要するに、経済は社会全体を見渡すのに格好の展望台なのです。

＊

最後になりましたが、いまなお私の学問人生の支えとなっている亡きルーマン教授にたいして厚い感謝の念を捧げます。また、個々にお名前は記しませんが、経済学からの「逸脱」をよい方向に導いてくださった「ソシオ・エコノミックス読書会」の方々にも、この機会に心からお礼申しあげたいと思います。

本書の公刊にさいしては、勁草書房編集部の徳田慎一郎氏に並々ならぬお力添えをいただきました。徳田氏の尽力と的確な助言がなければ、本書は原稿のままで終わっていたにちがいありません。厚くお礼申しあげます。

二〇〇二年十二月

春日淳一

索引

＊「…f.」は、「…および次頁」を示す。

あ行

か行

さ行

た行

な行

は行

ま行

や行

ら行

文献

［1］ Aglietta, M. et A. Orléan, *La violence de la monnaie,* Presses Universitaires de France, 1982（井上泰夫・斉藤日出治訳『貨幣の暴力』法政大学出版局，1991年）.

［2］ Ashby, W. R., *An Introduction to Cybernetics,* Chapman & Hall, 1956（篠崎武他訳『サイバネティクス入門』宇野書店，1967年）.

［3］ 馬場靖雄『ルーマンの社会理論』勁草書房，2001年.

［4］ Baecker, D., *Information und Risiko in der Marktwirtschaft,* Suhrkamp, 1988.

［5］ Bataille, G., *La Part Maudite,* Les Editions de Minuit, 1949（生田耕作訳『呪われた部分』二見書房，1973年）.

［6］ Bertalanffy, L. von, *General System Theory,* George Braziller, 1968（長野敬・太田邦昌訳『一般システム理論』みすず書房，1973年）.

［7］ Bulfinch, T., *The Age of Fable,* 1855（野上弥生子訳『ギリシア・ローマ神話』岩波文庫，1953年）.

［8］ Bürger, G. A.（Hrsg.）, *Wunderbare Reisen zu Wasser und zu Lande, Feldzüge und lustige Abenteuer des Freiherrn von Münchhausen,* 1788.（新井皓士訳『ほらふき男爵の冒険』岩波文庫，1983年）.

［9］ Daudet, A., *Contes du Lundi,* 1873（桜田佐訳『月曜物語』岩波文庫，1959年）.

［10］ Defoe, D., *The Life and Strange Surprising Adventures of Robinson Crusoe,* 1719（吉田健一訳『ロビンソン漂流記』新潮文庫，1951年）.

［11］ Habermas, J. und N. Luhmann, *Theorie der Gesellschaft oder Sozialtechnologie,* Suhrkamp, 1971（佐藤嘉一他訳『批判理論と社会システム理論』上・下　木鐸社，1984年，1987年）.

［12］ 服部セイコー編『時間：東と西の対話』河出書房新社，1988年.

［13］ Hayek, F. A., “The Use of Knowledge in Society”, in: *Individualism*

and Economic Order, Routledge & Kegan Paul, 1949（嘉治元郎・嘉治佐代訳『個人主義と経済秩序』〔ハイエク全集 3〕春秋社，1990年，Ⅳ「社会における知識の利用」）.

[14] ———, *Law, Legislation and Liberty,* Vol.1: Rules and Order, University of Chicago Press, 1973（矢島鈞次・水吉俊彦訳『法と立法と自由Ⅰ　ルールと秩序』〔ハイエク全集 8〕春秋社，1987年）.

[15] ———, "The Market Order or Catallaxy", in: *Law, Legislation and Liberty,* Vol.2: The Mirage of Social Justice, University of Chicago Press, 1976（篠塚慎吾訳『法と立法と自由Ⅱ　社会正義の幻想』〔ハイエク全集 9〕春秋社，1987年，第10章「市場秩序またはカタラクシー」）.

[16] Heider, F., "Ding und Medium", *Symposion. Philosophische Zeitschrift für Forschung und Aussprache* 1, 1926.

[17] 飯田経夫『「豊かさ」のあとに』講談社，1984年.

[18] ———『日本の反省』PHP 研究所，1996年.

[19] 稲田浩二・小澤俊夫編『日本昔話通観』（第 2 ～25巻）同朋舎出版，1977-1988年.

[20] 岩井克人『貨幣論』筑摩書房，1993年.

[21] Kafka, P., "Geld oder Leben? Zur Befreiung der Marktwirtschaft vom Kapitalismus", in: Müller, F. und M. Müller（Hrsg.）, *Markt und Sinn: Dominiert der Markt unsere Werte?,* Campus Verlag, 1996.

[22] Kasuga, J., "Die Beobachtung des Marktes: asymmetrische Strukturen und generalisierte Erwartungen", in: D. Baecker *et al.*（Hrsg.）, *Theorie als Passion,* Suhrkamp, 1987.

[23] 春日淳一「経済システムと社会の道徳」真継隆・八木紀一郎編『社会経済学の視野と方法――ドイツと日本』ミネルヴァ書房，1995年.

[24] ———『経済システム――ルーマン理論から見た経済』文眞堂，1996年.

[25] ———「市場の意味」関西大学『経済論集』第48巻第 3 号，1998年.

[26] ———「経済システムにおける自己準拠と構造的連結」関西大学『経済論集』第49巻第 3 号，1999年.

[27] 河本英夫『オートポイエーシス』青土社，1995年.

[28] ――――『オートポイエーシス2001』新曜社，2000年.
[29] 李伯元（入矢義高訳）『官場現形記』〈中国古典文学全集第27，28巻〉平凡社，1959年，1960年.
[30] Lietaer, B. A., *Das Geld der Zukunft,* Riemann Verlag, 1999（小林一紀・福元初男訳『マネー崩壊――新しいコミュニティ通貨の誕生』日本経済評論社，2000年）.
[31] Lindgren, H. C., *Great Expectations—The Psychology of Money,* William Kaufmann, 1980（原岡一馬訳『お金の心理学』有斐閣，1988年）.
[32] Luhmann, N., *Vertrauen: Ein Mechanismus der Reduktion sozialer Komplexität,* 2. Aufl., Ferdinand Enke, 1973（大庭健・正村俊之訳『信頼――社会的な複雑性の縮減メカニズム』勁草書房，1990年）.
[33] ――――, *Soziale Systeme: Grundriß einer allgemeinen Theorie,* Suhrkamp, 1984（佐藤勉監訳『社会システム理論』上・下　恒星社厚生閣，1993年，1995年）.
[34] ――――, *Die Wirtschaft der Gesellschaft,* Suhrkamp, 1988（春日淳一訳『社会の経済』文眞堂，1991年）.
[35] ――――, "Sinn der Kunst und Sinn des Marktes－zwei autonome Systeme", in: Müller, F. und M. Müller (Hrsg.), *Markt und Sinn: Dominiert der Markt unsere Werte?,* Campus Verlag, 1996.
[36] ――――, *Die Gesellschaft der Gesellschaft,* Suhrkamp, 1997.
[37] Luttwak, E. N., *Turbo-charged Capitalism,* Orion Publishing Group, 1998（山岡洋一訳『ターボ資本主義――市場経済の光と闇』TBSブリタニカ，1999年）.
[38] Malinowski, B., *Argonauts of the Western Pacific,* George Routledge & Sons, 1922（寺田和夫・増田義郎訳『西太平洋の遠洋航海者』中央公論社，1967年）.
[39] Martinet, A., *La Linguistique: Guide Alphabêtique,* Edition Denoël, 1969（三宅徳嘉監訳『言語学事典』大修館書店，1972年）.
[40] Maturana, H. R. and F. J. Varela, *Autopoiesis and Cognition: The Realization of the Living,* D. Reidel, 1980（河本英夫訳『オートポイエーシス――生命システムとはなにか』国文社，1991年）.

[41] ———, *El Árbol del Conocimiento,* 1984（管啓次郎訳『知恵の樹』朝日出版社，1987年）.

[42] Mauss, M., *Sociologie et Anthropologie,* Presses Universitaires de France, 1968（有地亨他訳『社会学と人類学』Ⅰ，弘文堂，1973年）.

[43] Müller, F. und M. Müller（Hrsg.）, *Markt und Sinn: Dominiert der Markt unsere Werte?,* Campus Verlag, 1996.

[44] 村中知子『ルーマン理論の可能性』恒星社厚生閣，1996年.

[45] Ogden, C. K. and I. A. Richards, *The Meaning of Meaning,* Routledge & Kegan Paul, 1923（石橋幸太郎訳『意味の意味』新泉社，1982年）.

[46] Parsons, T., *The Social System,* Free Press, 1951（佐藤勉訳『社会体系論』青木書店，1974年）.

[47] Polanyi, K., *The Great Transformation,* Beacon Press, 1957（吉沢英成他訳『大転換』東洋経済新報社，1975年）.

[48] Radford, R. A., "The Economic Organisation of a P.O.W. Camp", *Economica,* November 1945.

[49] Robbins, L., *An Essay on the Nature and Significance of Economic Science,* Macmillan, second edition 1935（辻六兵衛訳『経済学の本質と意義』東洋経済新報社，1957年）.

[50] 佐伯啓思『「欲望」と資本主義――終りなき拡張の論理』講談社，1993年.

[51] ―――『現代社会論――市場社会のイデオロギー』講談社，1995年.

[52] Schmidbauer, W., *Homo consumens: Der Kult des Überflusses,* Deutsche Verlags-Anstalt, 1972（平野一郎監訳『消費人間』黎明書房，1973年）.

[53] 関敬吾『日本昔話大成』（第５巻）角川書店，1978年.

[54] Simmel, G., *Philosophie des Geldes,* 3. Aufl., Duncker & Humblot, 1920（元浜清海・居安正・向井守訳『貨幣の哲学（分析篇）』〔ジンメル著作集２〕白水社，1981年; 居安正訳『貨幣の哲学（綜合篇）』〔ジンメル著作集３〕白水社，1978年）.

[55] Smith, A., *An Inquiry into the Nature and Causes of the Wealth of Nations,* 1776（大内兵衛・松川七郎訳『諸国民の富』岩波文庫，1959-1966年）.

[56] Sorokin, P. A. and R. K. Merton, "Social Time: A Methodological and Functional Analysis", *American Journal of Sociology,* March 1937.

[57] 杉村芳美『脱近代の労働観――人間にとって労働とは何か』ミネルヴァ書房, 1990年.

[58] 高橋徹『意味の歴史社会学――ルーマンの近代ゼマンティク論』世界思想社, 2002年.

[59] Williamson, O. E., *Markets and Hierarchies: Analysis and Antitrust Implications,* Free Press, 1975（浅沼萬里・岩崎晃訳『市場と企業組織』日本評論社, 1980年）.

[60] 吉沢英成『貨幣と象徴――経済社会の原型を求めて』日本経済新聞社, 1981年.

著者略歴

1943年　愛知県に生まれる
1973年　名古屋大学大学院経済学研究科博士課程修了
現　在　関西大学経済学部教授
著　書　『家族の経済社会学』（文眞堂，1984年）
『経済システム』（文眞堂，1996年）
論　文　「社会システム論から見た貨幣」佐藤康邦・中岡成文・中野敏男編『システムと共同性』（昭和堂，1994年）ほか
翻　訳　N. ルーマン『社会の経済』（文眞堂，1991年）

貨幣論のルーマン　〈社会の経済〉講義

2003年５月10日　第１版第１刷発行
2004年３月20日　第１版第２刷発行

著　者　春《かす》日《が》淳《じゅん》一《いち》

発行者　井村寿人

発行所　株式会社　勁《けい》草《そう》書房

112-0005　東京都文京区水道2-1-1　振替 00150-2-175253
（編集）電話 03-3815-5277／FAX 03-3814-6968
（営業）電話 03-3814-6861／FAX 03-3814-6854
三協美術印刷・鈴木製本

ISBN 4-326-65279-9　Printed in Japan